BREVE HISTORIA DE LA GUERRA MODERNA

BREVE HISTORIA DE LA GUERRA MODERNA

Francesc Xavier Hernàndez Cardona
Xavier Rubio Campillo

nowtilus

Colección: Breve Historia
www.brevehistoria.com

Título: Breve Historia de la guerra moderna
Autor: © Francesc Xavier Hernàndez Cardona
            © Xavier Rubio Campillo

Copyright de la presente edición: © 2010 Ediciones Nowtilus, S.L.
Doña Juana I de Castilla 44, 3º C, 28027 Madrid
www.nowtilus.com

Editor: Santos Rodríguez
Edición: Juan Francisco Díaz Hidalgo
Coordinador editorial: Graciela de Oyarzábal
Director de colección: José Luis Ibáñez
Marketing: Donatella Iannuzzi

Diseño y realización de cubiertas: Nicandwill
Diseño del interior de la colección: JLTV
Dibujos y esquemas: Mar H. Pongiluppi
Imágenes del interior: Archivo de Xavier Hernández (AXH).
                Ilustraciones de Mar H. Pongiluppi (MHP).
                Licencia de Creative Commons
                (commons.wikimedia.org)

ISBN-13: 978-84-9763-753-4
Fecha de edición: enero 2010

Printed in Spain
Imprime: Imprenta Fareso, S.A.
Depósito legal: M. 49.970-2009

Índice

1

El inicio de la guerra moderna (1453 - 1556)

LLEGAN LAS ARMAS DE FUEGO

La segunda mitad del siglo XV empezó con uno de los hechos más decisivos de la historia europea: la conquista de Constantinopla por los turcos en 1453. La caída del Imperio bizantino aceleró la expansión turca en el Mediterráneo y Europa, pero además significó el triunfo de las armas de fuego. Era el inicio de un nuevo tipo de guerra con pólvora y proyectiles que adquiriría plena madurez en tiempos del emperador Carlos V (1519-1556).

Se ignora el origen de la pólvora, aunque se sitúa su desarrollo en Oriente, probablemente en tierras chinas. En Europa, una tradición otorga a Berthold Schwartz, un fraile alemán de mediados del siglo XIV, la idea de introducir la pólvora en un tubo para lanzar proyectiles. Sin embargo, otras fuentes indican que los andalusíes ya utilizaron algo parecido a cañones en los asedios de la

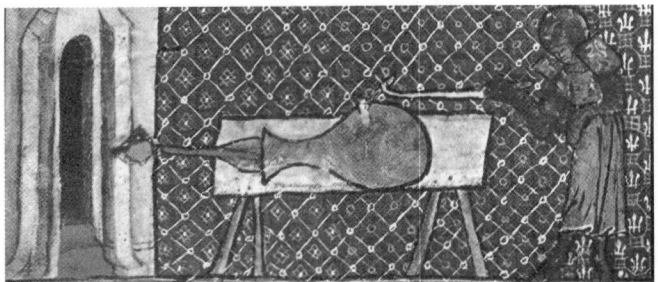

Arma de fuego representada en el códice sueco *De notabilitatibus, sapientiis et prudentiis* de Walter de Milemete. El ingenio, construido en forma de pera, parece que funciona del mismo modo que la artillería de los siglos posteriores, produciéndose la ignición de la pólvora al aplicarle una mecha encendida por el oído del arma. Sin embargo, el proyectil recuerda un virote al estilo de las antiguas balistas romanas.

alicantina Orihuela y de Tarifa, en los años treinta del siglo XIV. La representación iconográfica más antigua de un cañón aparece en el códice sueco de Walter de Millemete, fechado en el 1326, donde se representa una rudimentaria pieza artillera que lanza un proyectil en forma de dardo.

Lo que es seguro es que durante la segunda mitad del siglo XIV los europeos desarrollaron artefactos pirobalísticos, es decir armas de fuego, cada vez más poderosos. Nació la artillería, y las belicosas sociedades europeas marcadas por el feudalismo harían de ella un arma cada vez más trascendental.

A partir del siglo XVI, los europeos emprendieron el dominio del planeta con la ayuda de las armas de fuego. Los artefactos artilleros, grandes o pequeños, partían todos de principios similares: un tubo hueco y cilíndrico de bronce o hierro, que solo contaba con una boca. En el extremo cerrado se abría un pequeño orificio, el oído, que comunicaba el exterior con el interior de la pieza. Para usar el artefacto se colocaba pólvora en el fogón, en el extremo interior del tubo, después se empujaba la bala, que era esférica, y hecha de piedra en estos primeros tiempos. Para disparar se ponía un poco de pólvora en el oído y se le prendía fuego. La pólvora se encendía y la ignición pasaba al interior, la pólvora allí depositada combustionaba violentamente produciendo gases que empujaban el proyectil a través del tubo y lo expulsaban a gran distancia con mucha violencia. Este sistema, con pocas variaciones, se mantuvo hasta mediados del siglo XIX.

Durante la segunda mitad del siglo XIV y principios del XV, las bombardas fueron las armas de fuego por excelencia. Pesadas y de gran calibre, se utilizaban en posiciones fijas para atacar murallas, o bien eran ubicadas en barcos para disparar contra otras naves. El rey Pedro IV de Aragón provocó el pánico de la flota castellana de Pedro el Cruel en 1359, frente a Barcelona, cuando hizo disparar una bombarda que había situado sobre una de sus naves. También se utilizaron esporádicamente en batallas en campo abierto, y parece que la primera vez fue en la famosa batalla de Crécy en 1346, durante la Guerra de los Cien Años entre las coronas de Francia e Inglaterra. Los ingleses utilizaron bombardas contra los ballesteros genoveses al servicio de Francia que, al oír el estruendo, huyeron despavoridos.

Durante el siglo XV, el uso de armas de fuego para atacar ciudades fue en aumento. La instalación y movimiento de las piezas era lento y complicado pero rentable, ya que las murallas acababan saltando en pedazos a causa de los impactos de las balas de piedra.

Cañón usado por los turcos en el asedio de Constantinopla.
Actualmente en el Museo de Topkapi (Estambul, Turquía),
esta pieza formó parte del tren de artillería que, organizado
por el ingeniero húngaro Urbano, abrió las brechas en la
muralla por las que penetraron con éxito las fuerzas
asaltantes después de casi dos meses de sitio.

La artillería pesada también evolucionó en
los territorios islámicos, y sobre todo en el ámbito
turco otomano. Los turcos intentaban evitar un
atraso tecnológico que comportara un retroceso
militar. En el asedio de Constantinopla de 1453,
el sultán turco Mehmed II preparó un gran tren
artillero. Alquiló los servicios de los mejores
ingenieros y mandó construir un monstruoso
cañón de 8 m de longitud capaz de lanzar bolas
de piedra de hasta 450 kg. Se dice que cuando el
artefacto se probó, el estruendo del disparo hizo
abortar a mujeres embarazadas a doce millas de
distancia. Construido en Adrianópolis, el cañón
marchó hacia Constantinopla arrastrado por
sesenta bueyes. En el asedio, el gran cañón
reventó, pero los turcos habían reunido mucha
artillería. Las triples murallas de Constantinopla,
las más poderosas del mundo, saltaron hechas
añicos. Comenzaba una nueva era militar
marcada por el uso de las armas de fuego.

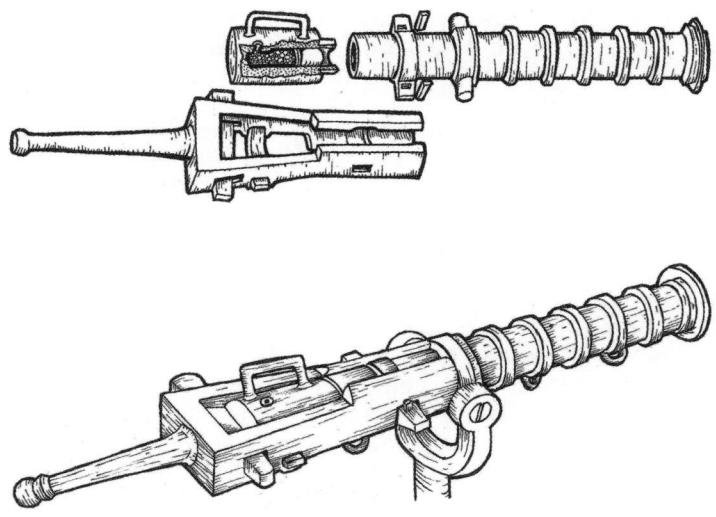

A finales del siglo XV, se empezaron a construir cañones ligeros de retrocarga como el falconete. Podían situarse sobre plataformas en murallas o buques. También se montaban sobre cureñas con ruedas. Un solo artillero bastaba para asegurar su manejo (MHP).

A finales del siglo XV aparecieron nuevos cañones de menor calibre, denominados falconetes, ribadoquines, lombardas o culebrinas, aunque la denominación genérica de bombarda se continuó utilizando. Esta artillería más ligera podía tirar balas de hierro de pequeño calibre que, contradictoriamente, disparadas contra las murallas tenían un poder destructivo muy superior al de los grandes proyectiles de piedra de las bombardas.

El primer monarca europeo que apostó por la artillería fue Carlos VIII de Francia. Cuando invadió Italia en 1494, utilizó masivamente artillería. Sus cañones eran muy ligeros, iban sobre ruedas y se podían desplazar a la misma velocidad que el conjunto del ejército. Tiraban proyectiles de hierro que destrozaban sin problemas las altas murallas medievales. Los ingenieros italianos empalidecieron ante la evidencia empírica del nuevo poder de los cañones. Esta nueva artillería, de poco calibre y munición de hierro, pronto fue adoptada en otros países.

Los franceses fueron también los primeros en utilizar masivamente artillería en batallas campales, y consiguieron éxitos importantes. El uso de las estáticas bombardas en el campo de batalla no había implicado cambios determinantes en las tácticas de jinetes e infantes. Así, por ejemplo, los castellanos dispusieron de bombardas en la batalla de Aljubarrota en 1385, y a pesar de ello fueron derrotados por los portugueses. Contrariamente, en la batalla de Formigny, en 1450, los franceses con un par de culebrinas pudieron romper la formación de los arqueros ingleses. Pero no sería hasta 1515 cuando la artillería francesa demostró sus posibilidades destrozando las líneas de los piqueros del ejército suizo en la batalla de Marignano.

A finales del siglo xv, proliferaron también los falconetes de retrocarga, especialmente útiles en los barcos y en determinadas fortificaciones. La retrocarga permitía velocidad y organización en la carga del arma. Usualmente, estos falconetes eran de hierro; la trompa, o tubo, estaba reforzada con anillas, y en la zona posterior se abría una recámara donde se ubicaba el «macho», que era un bote abierto por un extremo donde se colocaba la carga de pólvora y la bala. El macho se empotraba en la recámara, haciendo coincidir su apertura con el cañón. Se disparaba acercando una mecha al orificio posterior del macho, justo en la zona donde estaba depositada la pólvora. Una vez efectuado el disparo se desalojaba el macho y en su lugar se ponía otro recargado. Era un buen sistema, a pesar de que los encajes rudimentarios hacían perder muchísima potencia de fuego. Los falconetes de retrocarga acostumbraban a tener un calibre de unos 7 cm, y una longitud total de unos 2,5 m. Podían tirar balas hasta un millar de metros, aunque con poca efectividad.

Las armas de fuego individuales también se desarrollaron eficazmente durante el siglo xv. Hacia 1420, Jan Ziska, un líder campesino durante las Guerras Husitas, usó infantería dotada con cañoncitos portátiles y derrotó repetidamente a ejércitos de caballería. Cañones de hierro o bronce cada vez más ligeros y perfeccionados fueron adaptados a cureñas de madera, e incluso se montaron en el canal de las ballestas. Algunos estaban dotados de un gancho fijado a la cureña que, al ser apoyado sobre un parapeto, impedía el fuerte retroceso del arma. Sin embargo, estos cañones individuales eran difíciles de manipular. Para disparar, hacía falta aplicar una mecha en el orificio posterior, y esto debía hacerse mientras se intentaba mantener el arma en posición correcta de tiro, de forma que dos manos y dos ojos resultaban insuficientes para hacer un disparo efectivo. De hecho, hacían falta dos personas para manejar estos artefactos. Además, las mechas no eran fiables y resultaba prudente contar con un recipiente cercano en el cual hubiera brasas. Todo ello hacía difícil su uso en campo abierto.

El invento de un mecanismo que facilitaba el disparo, la platina o llave de mecha, a comienzos de las guerras italianas (1494-1559), supuso un adelanto gigantesco, que optimizó las armas de fuego individuales. La aparición de mechas de combustión lenta, que ocurrió a la vez, también fue importante ya que a lo largo del combate no hacía falta preocuparse de la preparación del fuego. La mecha estaba fijada en el extremo de una pieza de hierro curvada en forma de «S». Uno de los extremos ejercía como gatillo y en el otro se ubicaba la mecha. Cuando el tirador pulsaba el gatillo, la mecha se acercaba a la cazoleta y encendía la pequeña cantidad de pólvora allí situada que a su vez, y a través del oído, encendía la pólvora del interior produciendo el disparo. Mientras realizaba esta maniobra, el infante podía sostener el arma e incluso apuntar. Estos pequeños cañones manuales se fueron haciendo más manejables: su peso se redujo a menos de 14 kg, la cureña se pudo apoyar sobre el hombro del tirador y el tubo se alargó hasta 90 cm. Para facilitar el disparo, el arma se podía apoyar sobre una horquilla. A la vez, los calibres se reducían. Todo ello confería más precisión y distancia al disparo. El hierro se convirtió en el material usual de estas armas; forjar el hierro en torno a una varilla era posible y relativamente fácil en el caso de las armas pequeñas. El hierro, más asequible y barato que el bronce, hacía que los tubos se pudie-

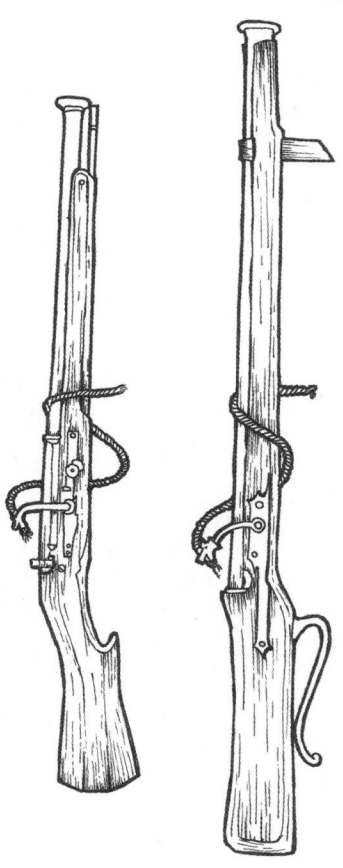

Arcabuces de principios del siglo XVI dotados con llave de
mecha. Las nuevas tácticas desarrolladas por los
comandantes al servicio sucesivo de Fernando el Católico y
del emperador Carlos V apostaron por el uso masivo de
estas pequeñas armas de fuego. Experimentados en las
guerras italianas de principios del siglo XVI, los arcabuces
cambiaron la concepción y las formas de guerrear (MHP).

ran construir en grandes cantidades. Estas nuevas armas de fuego portátiles de finales del siglo XV y principios del XVI se conocieron con el nombre de arcabuz. Su nombre venía del alemán *hakenbüchse* o cañón de gancho; en referencia a los ganchos de apoyo para mitigar el retroceso.

Paralelamente, las pólvoras se perfeccionaron hasta lograr una proporción óptima de 75% de nitrato, 12% de azufre y 13% de carbón vegetal. Al mezclar la pólvora con alcohol, se pudo elaborar una pasta que permitía producir granos que proporcionaban una mayor fuerza impulsora. A principios del siglo XVI, la tecnología había cambiado y todo estaba listo para ensayar nuevas tácticas que permitieran el uso masivo de las nuevas armas.

Justo en ese periodo las potencias europeas dieron el gran salto que les permitió la exploración y dominio del mundo. Españoles y portugueses, seguidos de holandeses, ingleses y franceses marcharon por las rutas del Atlántico, el Índico y el Pacífico, y también por las más trilladas del Mediterráneo. Sus naves artilladas con bombardas y falconetes resultaron invencibles, sus soldados acorazados, dotados con armas de fuego, destrozaron reinos e imperios. La tecnología militar, combinada con agresivas estructuras políticas herederas del espíritu y la práctica militar feudal no fue ajena a la expansión europea.

El emperador Carlos V fue uno de los personajes más representativos de este periodo de expansión europea. Gobernó desde principios del siglo XVI una poderosa confederación de estados vinculados a la Monarquía Hispánica. A su abdicación, en 1556, todo había cambiado: las potencias y los equilibrios europeos, los conflictos de religión, la pugna con los turcos... Un nuevo mundo de enfrentamientos y conquistas, pero a la vez de desarrollo humanista, técnico y científico estaba en marcha, y la tecnología pirobalística había contribuido decisivamente a crearlo.

MURALLAS CONTRA PÓLVORA

Las bombardas del siglo XV se aplicaron contra las murallas y fueron más efectivas que trabuquetes y catapultas. Las murallas de gran altura, que siempre habían sido consideradas una ventaja, se convirtieron, paradójicamente, en blancos perfectos para la artillería. Los maestros de obras no supieron reaccionar y se limitaron a la apertura de aspilleras para ubicar cañones con finalidades defensivas, o a propiciar plataformas en las fortificaciones para colocar artillería. La tendencia automática respecto a los muros consistió en reducir altura y ganar grosor, reforzando los taludes para minimizar los impactos directos. También se excavaron amplios fosos; y se construyeron casamatas o troneres bajas para instalar la artillería propia.

Una de las primeras experiencias europeas de fortificación pensada para minimizar el impacto de la artillería se desarrolló en Nápoles, en las reformas del Castillo Nuevo de la ciudad, ordenadas por Alfonso el Magnánimo y ejecutadas por el arquitecto Guillem Sagrera entre 1447 y 1454. Sagrera construyó grandes escarpes en las bases de los muros para aumentar la resistencia, así como un perímetro exterior al castillo lo suficientemente grueso como para resistir los disparos de bombarda. Por otra parte, el Castillo Nuevo fue conceptualmente una de las primeras ciudadelas renacentistas. Protegía al príncipe de un posible

FRANCESC XAVIER HERNÀNDEZ CARDONA & XAVIER RUBIO CAMPILLO

En su concepción se aprecian los cambios que
la artillería obligó a hacer en las fortificaciones de la época
renacentista: torres circulares y amplias, anchas aspilleras para
disparar sobre los atacantes y, especialmente, muros gruesos
para resistir los impactos de los proyectiles. En la imagen, el
Castillo de Saint Malô, Bretania, Francia (AXH).

entorno urbano hostil, y garantizaba la seguridad frente a enemigos internos y externos.

A finales del siglo xv, la aparición de la munición de hierro fue determinante ya que permitía cañones de bronce, ligeros y manejables. La bala de hierro posibilitaba una mejor puntería, no se rompía al chocar contra los muros y era reciclable. Las grandes piedras que disparaban las bombardas producían destrozos, pero las pequeñas bolas de hierro lo reventaban todo, con rapidez y eficacia. Por otra parte, no implicaban un encarecimiento de los procesos de municionamiento, más bien al contrario; podían ser de fundición mientras que las grandes piedras de las bombardas debían ser talladas a golpes de cincel hasta lograr la forma esférica. Para un ejército que se planteara el uso de artillería a gran escala, la munición de hierro era de fabricación barata y rápida.

Las fortificaciones también se vieron atacadas por zapas y minas, que usaban pólvora para provocar voladuras. A finales del siglo xv, había serias dudas sobre cómo afrontar el desafío artillero. Los expertos en poliorcética (disciplina que estudia el ataque y defensa de plazas fuertes) constataban una doble problemática: hacía falta resistir los impactos de la artillería, pero también utilizarla de manera activa, a partir de fortificaciones que facilitaran la defensa mediante cañones. Se tantearon dos posibles vías: utilizar torres de planta circular o bien construir bastiones, es decir plataformas poligonales, sobresaliendo de las murallas. La primera opción dejaba ángulos muertos, pero la experiencia empírica mostraba que las formas curvas podían aguantar mejor los cañonazos. Por otra parte, los bastiones sobresalientes alargaban el fuego defensivo y podían dificultar la acción de los cañones atacantes. Desde ellos

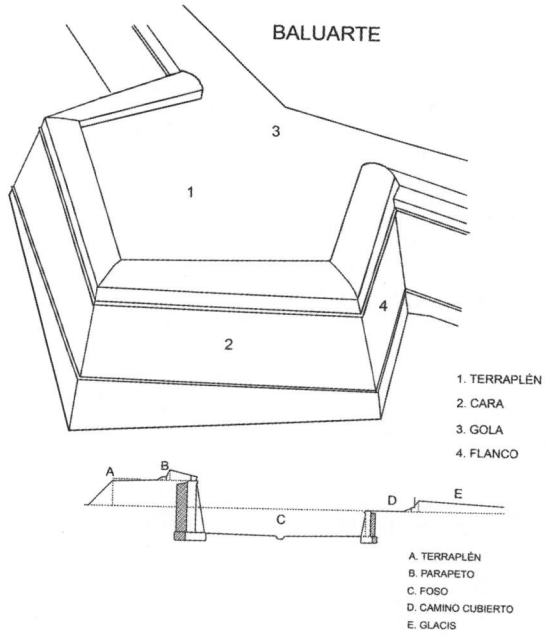

BALUARTE

1. TERRAPLÉN
2. CARA
3. GOLA
4. FLANCO

A. TERRAPLÉN
B. PARAPETO
C. FOSO
D. CAMINO CUBIERTO
E. GLACIS

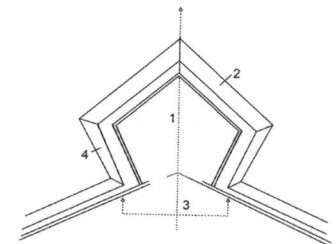

Partes de un baluarte. Normalmente tomaban una forma pentagonal, idónea para proteger las murallas adyacentes disparando desde los flancos y a resguardo de la artillería atacante. En la ilustración superior derecha se indica la nomenclatura de una línea de murallas (MHP).

también se podían defender las murallas, ya que los cañones allí emplazados podían batir cualquier enemigo que se acercara. Antonio Averlino «Filarete», un ingeniero italiano de mediados del siglo XV, en su diseño de la ciudad ideal de Sforzinda ya diseñó murallas de forma estrellada a partir de tramos triangulares a fin de evitar ángulos desenfilados y disponer de plataformas artilleras. Uno de los pioneros en la utilización de baluartes pentagonales fue Francesco di Giorgio Martini durante la segunda mitad del XV, quién a pesar de mantener torres cilíndricas teorizó y experimentó muros, bastiones y baluartes con formas poligonales y pentagonales.

Una de las respuestas poliorcéticas más contundentes a los desafíos de la artillería se dio precisamente en el Castillo de Salses, en la frontera del Rosellón. Fue obra de Francisco Ramírez, ingeniero de Fernando II el Católico. Ramírez contaba con una magnífica experiencia pirobalística después de la Guerra de Granada, donde se utilizaron cañones de bronce con munición de hierro. Más tarde, en 1495, las tropas de Fernando II lucharon contra los franceses de Carlos VIII, que ocupaban Nápoles. Es probable que Ramírez participara en el cuerpo expedicionario con Giorgio Martini y Pedro Navarro contra los magníficos cañoneros franceses. En Salses se apostó por muros disuasorios que en algunos lugares alcanzaban los 6 m de espesor. Para abrir brechas en ellos hacía falta una ingente cantidad de disparos con bolas de hierro, tantas que el intento resultaba inviable o demasiado costoso.

El 10 de agosto del 1497 empezaron las obras del nuevo castillo, que acabaron el 1505. La fortificación de Salses es uno de los ejemplos más singulares de arquitectura militar renacentista.

Entrada a la fortaleza renacentista de Salses. Situada en el Rosellón, cerca de Perpignan, esta construcción de finales del siglo XV bloqueaba la ruta a los Pirineos. La foto evidencia el extraordinario grosor de las murallas, redondeadas en las partes más vulnerables para disminuir la efectividad de la artillería enemiga (AXH).

Combinaba aspectos innovadores de la poliorcética pirobalística con otros componentes provenientes de la arquitectura medieval tradicional, como por ejemplo una gran torre del homenaje. Aunque Salses fue un prodigio de innovación en su época, la fortaleza dejaba sin solucionar el problema técnico de los espacios desenfilados. Las troneras de las torres circulares, y las distintas casamatas dejaban ángulos muertos en numerosos puntos. Este problema de las fortificaciones modernas se resolvería pocos años después con el triunfo de la concepción abaluartada en base a formas pentagonales. Pero Salses era todavía un experimento, como lo fueron a principios del XVI el fuerte lobulado de Deal (en la Inglaterra de Enrique VIII), las fortificaciones de Dijon, El Havre y Vitry, la masiva refortificación de Rodas.

Las fortificaciones abaluartadas ensayadas intuitivamente durante la segunda mitad del XV serían, tras casi un siglo de dudas, las que definitivamente marcarían las fortificaciones de los siglos XVI, XVII, XVIII e incluso principios del XIX. Los baluartes pentagonales demostraron ser los más eficaces para responder al desafío de la artillería. Las experiencias poliorcéticas en la Toscana fueron determinantes para definir el sistema que se conocería como la «traza italiana», o manera italiana de fortificar. Parece que fue el veneciano Michelle Sanmicheli quién estableció finalmente los baluartes pentagonales a partir de sus experiencias en las fortificaciones de Verona y Orzinuovi. A partir del 1530, el sistema italiano, la «traza italiana», se abrió camino definitivamente. Lógicamente hubo una gran demanda de ingenieros italianos. Los monarcas franceses y españoles se disputaron los servicios de una nueva casta profesional: los «ingenieros» militares italianos.

Flanco y cara del baluarte de Sant Bernat, en
las fortificaciones de Dalt Vila, en Ibiza. Felipe II encargó el
diseño de estas extraordinarias defensas al ingeniero italiano
Gianbattista Calvi, con la intención de convertir la ciudad de
Ibiza en componente clave de una frontera marítima frente a
los constantes ataques de los corsarios berberiscos (AXH).

Eran gente extraordinariamente preparada, e incluso culta, con un gran dominio de la matemática, y singularmente de la geometría, con capacidad para calcular trayectorias y evaluar resistencias; disfrutaban, además, de una sólida experiencia y conocimientos militares, principalmente en artillería. La fortificación se convirtió, más que en un arte, en una ciencia, y los ingenieros que dependían directamente de la Corona experimentaban, investigaban e incluso teorizaban sobre fortificaciones y ciudades ideales. De hecho, las exigencias de los sistemas de fortificación moderna provocaron un importante desarrollo técnico y científico: la medición, el cálculo, la geometría, la física y la química crecieron en paralelo a la arquitectura abaluartada y la artillería.

Los dos primeros reyes de la Monarquía Hispánica, el emperador Carlos y Felipe II, se apresuraron a contratar buenos ingenieros: los Países Bajos, Flandes, Italia, el norte de África, las islas mediterráneas y el entorno pirenaico fueron los escenarios de sus actuaciones. A mediados del siglo XVI, los ingenieros más famosos eran Gianbattista Calvi, Giorgio Paleazzo Fratín y Giorgio Setara. También se mantuvo la tradición fortificadora aragonesa que se adaptó en la «traza italiana». El ingeniero más notable fue el valenciano Pere Lluís Escrivà, que construyó en 1534 la espectacular fortificación abaluartada de L'Àquila, en los Abruzzos.

Los nuevos sistemas poliorcéticos demostraron su validez al aguantar asedios allí donde la artillería del atacante se demostró incapaz de derrotar a los defensores, como por ejemplo en la defensa de la isla de Malta a cargo de los caballeros hospitalarios de San Juan, sucedida en 1565. En este asedio, que duró varios meses, las tropas turcas que contaban con un tren artillero inmenso no fueron capaces de tomar las principales defensas cristianas, que se habían modernizado a instancias de La Vallete, Gran Maestre de la Orden.

La «traza italiana» implicaba fortificaciones de nueva planta o bien la intervención para optimizar fortificaciones medievales. Se tendía a construir murallas gruesas con taludes, con muros de piedra y relleno interior de tierra. La cara exterior de la muralla se denominaba escarpa. En la parte superior estaba el parapeto. El terraplén era la plataforma que se extendía en la parte superior de la muralla. Siempre que era posible, se cavaban profundos fosos, definidos por las cortinas y la contraescarpa coronada por un camino exterior, el camino cubierto, más allá del cual se prolongaba el glacis. Las fortificaciones se adaptaban a las características del terreno, intentando presentar la menor exposición al posible fuego contrario. Las murallas estaban ritmadas por baluartes pentagonales que se proyectaban más allá de la muralla. La distancia entre un baluarte y el siguiente podía oscilar según los casos, pero siempre tenía que estar relacionada con las posibilidades de la artillería. Desde un baluarte se tenía que poder llegar a disparar con fuego de cañón o mortero contra cualquier enemigo que hubiera llegado al pie de los baluartes próximos. Cuando el enemigo se acercaba al pie de un baluarte quedaba desenfilado respecto al fuego del propio baluarte, pero podía resultar destruido por los disparos de los baluartes vecinos. La forma pentagonal evitaba que quedaran espacios desenfilados libres del fuego defensivo. Las dimensiones de los baluartes podían ser muy variables. Normalmente se colocaban en los ángulos de las murallas, pero en una cortina larga y rectilínea podía haber varios baluartes. Una base

Asedio de Malta por los turcos. Este fallido ataque, ocurrido en 1565, marcó el límite de la expansión mediterránea del Imperio otomano. La imagen muestra la fase decisiva de la batalla, el asalto al fuerte San Elmo. La conquista de este pequeño reducto ocupó a las fuerzas turcas varias semanas, por lo que no fueron capaces de atacar el resto de fortificaciones defendidas por la Orden de los Caballeros de San Juan.

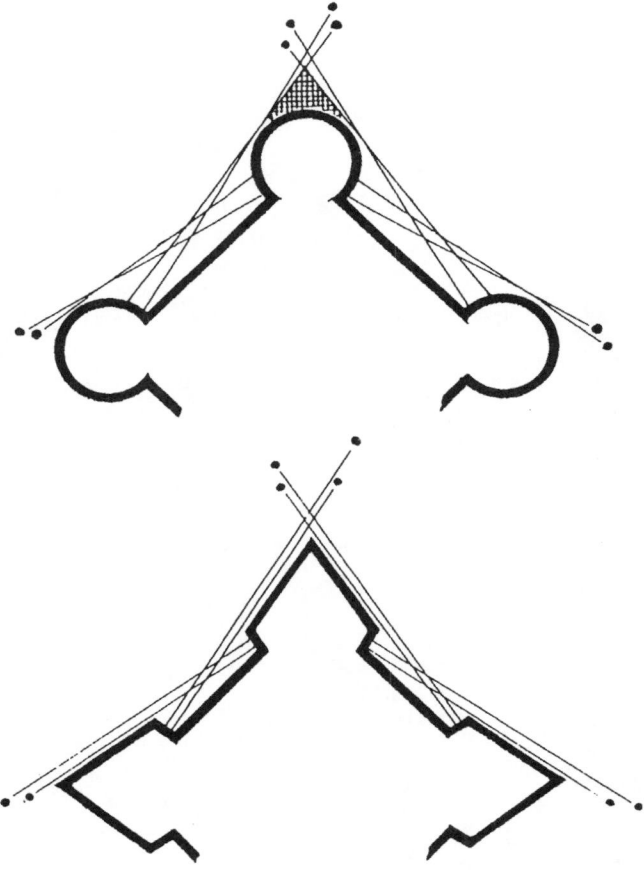

Plan de fuegos en fortificaciones con torres y baluartes.
Se constatan las zonas desenfiladas al pie de las
torres cilíndricas. Había zonas que no quedaban cubiertas
por el fuego propio. Contrariamente, los baluartes
pentagonales facilitaban que todos los espacios quedaran
al alcance del fuego defensivo (MHP).

del pentágono se apoyaba contra la muralla, y el vértice contrario marcaba la máxima proyección exterior. Los lados del pentágono que se entregaban a la muralla se denominaban flancos; mientras que los lados que convergían para formar el vértice extremo se denominaban caras. El ángulo sobresaliente era el ángulo capital.

Las líneas de tiro estaban matemáticamente calculadas. Lo más importante que había que definir en la construcción de una fortaleza eran estas estimaciones, reunidas en el llamado «plan de fuegos».

Se ponía especial atención en estudiar los disparos de flanqueo, que se efectuaban desde un baluarte contra los alrededores del siguiente y que exigían total precisión. Durante el siglo XVI, los baluartes estaban dotados con casamatas, descubiertas o cubiertas. Estos espacios se construían por debajo del nivel del terraplén o plataforma superior y se abrían al flanco del baluarte a tocar de la muralla. Cuando estaban cubiertas eran de hecho espacios con bóveda y cañoneras desde las cuales disparaban las piezas. Cuando estaban descubiertas configuraban pequeños patios en los cuales se ubicaban cañones o morteros. Las casamatas realizaban fuego de flanqueo para batir a quien se acercara a las murallas o baluartes próximos; a su vez, la artillería que se ubicaba no estaba expuesta al fuego directo enemigo.

EJÉRCITOS DE FORTUNA

Los ejércitos de las monarquías del siglo XV y principios del XVI no eran permanentes, se movilizaban según las circunstancias. Además, el servicio personal de los nobles a menudo era cambiado por la «pecunia»; es decir, los nobles pagaban con

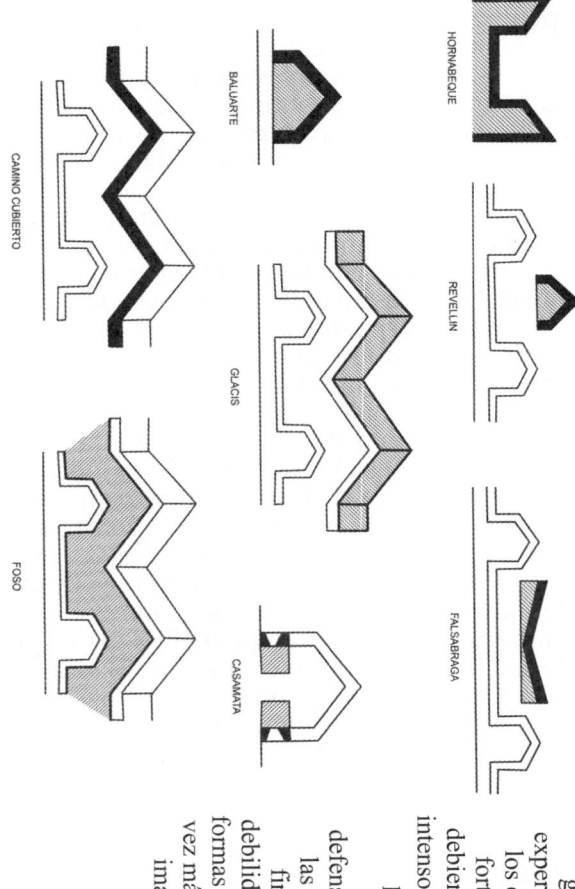

El periodo renacentista generó pruebas y experimentación para los constructores de fortificaciones, que debieron hacer un uso intenso de la geometría para calcular los alcances de las defensas y ángulos de las murallas, con la finalidad de evitar debilidades y proponer formas defensivas cada vez más idóneas. En la imagen, Elementos defensivos en la arquitectura abaluartada.

tal de no ir a servir al rey. Con estos y otros recursos el monarca podía alquilar tropas mercenarias, que podían resultar más eficaces que las mesnadas feudales. Como consecuencia, el soldado profesional, a sueldo, acabó dominando el panorama europeo de la segunda mitad del siglo XIV y del siglo XV. Estos profesionales se agrupaban en bandas bajo la dirección de un jefe y se desplazaban de unas regiones a otras según la oferta y la demanda. Los caudillos militares mercenarios estaban muy bien representados en las figuras que los italianos denominaban *condottieri*. Pero las campañas conducidas por los *condottieri* a menudo acabaron con resultados anómalos. Cuando dos jefes mercenarios se enfrentaban, intentaban ahorrar la pérdida de la propia mano de obra y solían escenificar batallas para dar espectáculo a sus clientes, brillantes en cuanto a maniobra y despliegues, pero incruentas y poco resolutivas. Ningún mercenario estaba interesado en victorias rotundas que pudieran significar el fin de la dependencia del cliente, ya que acabada una guerra se acababa el beneficio. Cuando fallaban los sueldos los mercenarios se rehacían saqueando y expoliando la población civil, del propio país o del contrario, situación que generaba tensiones importantísimas. En el tratado *El Príncipe*, Maquiavelo explicitaba las ventajas e inconvenientes de las tropas mercenarias, siendo muy crítico con ellas por su poca efectividad.

Los combatientes de los siglos XIV y XV eran muy diferentes a sus antecesores, ya que la caballería dejó de tener el protagonismo absoluto en la guerra. La decadencia económica y social de la nobleza, el auge de las ciudades, la estabilidad de las monarquías, la consolidación del concepto de Estado, la proliferación de ejércitos profesionales, el desarrollo de armaduras de piezas rígidas y, finalmente, la irrupción de la pirobalística incidieron en la transformación de los sistemas de guerra medievales basados en la caballería. A mediados del siglo XIV, las cosas empezaron a cambiar, de forma que a principios del siglo XVI la infantería con armas de fuego era ya la fuerza preponderante en los campos de batalla.

Durante el siglo XV, cuando la caballería dominaba todavía en los campos de batalla, se desarrolló el denominado arnés blanco o armadura completa, compuesta por placas de hierro o acero, parcialmente articuladas, que se adaptaban a la anatomía del caballero y le otorgaban mejor defensa que las tradicionales cotas de malla.

El objetivo de este arnés era suministrar protección máxima al caballero y, a la vez, garantizar su movimiento. El peso de un arnés de este tipo era de unos 25 a 30 kg. Ello no suponía un mayor peso respecto a las cotas de mallas anteriores, que podían tener un peso parecido o incluso superior. Con el arnés blanco y sus piezas rígidas el caballero y el combatiente ganaban en defensa sin sobrecargar peso.

El arnés blanco se componía de complejas y varias partes: pancera, guardabrazo, guantelete, faldón, peto, etcétera. Para proteger la cabeza, lo más usual era el bacinete con careta articulada, pero también se usaban yelmos, celadas y barbudas. Con respecto a las armas blancas, no hubo cambios significativos; fueron más o menos las mismas: lanzas, espadas, hachas, mazas... Las lanzas se acabaron dotando de una ancha rodela para proteger la mano. Las espadas crecieron en longitud y se volvieron más delgadas y puntiagudas; ya no solamente eran aptas por golpear, sino también para dar estocadas.

Arnés blanco típico de los jinetes europeos durante los
siglos XV y XVI. Eran más baratos que las cotas de malla,
que requerían de una laboriosa producción para juntar las
miles de arandelas de hierro. La curvatura de las piezas del
arnés blanco, así como los refuerzos en los hombros están
diseñados para minimizar el daño hecho por una pica
o un virote de ballesta (MHP).

La tecnología vinculada a la caballería logró sus máximas cotas durante el siglo xv. El arnés blanco comportó un desarrollo artesano importantísimo. Tornillos de precisión y piezas articuladas permitieron desarrollar tecnologías sofisticadas que tendrían reaplicaciones en las actividades productivas civiles. Por lo que se refiere al coste, una armadura blanca sencilla no era más cara que una de cota de malla. Construir una cota requería un trabajo lento, mientras que la forja de piezas de hierro rígidas, con medidas estandarizadas, era más rápido y barato. Esta dimensión económica tuvo un efecto no esperado: la democratización del acceso a la armadura. En efecto, al generarse defensas a precios bajos, se acorazaron todos los combatientes, y no solamente los caballeros. Así, los hombres de armas a caballo y las tropas de infantería se equiparon con piezas defensivas más o menos parciales que les conferían mayores posibilidades de supervivencia. El arnés blanco, que nació con el objetivo de salvaguardar la hegemonía de la caballería, acabó convirtiéndose en un factor más de su decadencia. Los caballeros tuvieron que buscar otros indicadores de prestigio, como los torneos, más allá de campos de batalla, que se estaban convirtiendo en espacios de muerte demasiado igualitarios.

Con respecto a los equipos de la infantería hubo numerosos cambios relacionados con la tecnología de armamentos. Esto, sumado al hecho que el protagonismo de los profesionales iba en aumento, comportó unidades de infantería muy bien equipadas que lograron protagonismo y dejaron de ser simples auxiliares de la caballería para convertirse en temibles unidades autónomas.

A finales del siglo xv, los infantes podían usar distintas piezas defensivas de hierro rígido, o

Jinete de principios del siglo XVI, según un grabado de Durero. Se pueden observar los numerosos elementos que componían un arnés blanco. Las armas ofensivas eran una espada larga y puntiaguda, diseñada para perforar, y una larga lanza usada en la carga.

mixtas con malla y placas. La cabeza podía ir protegida con el sombrero de hierro, la barbuda y sobre todo la celada, la defensa más popular, que podía ir adornada con pañuelos de colores. Sobre la camisa podían llevar una pieza acolchada de algodón, sin mangas y a modo de chaleco, útil para amortiguar los golpes y minimizar la incomodidad de las piezas blindadas superpuestas, como por ejemplo la cota corta y sin mangas, encima de la cual todavía podía colocarse una brigantina de cuero reforzada con placas metálicas. Otra posibilidad era dotarse de corazas rígidas diversas para el torso y los brazos. Las piernas iban cubiertas con calzas ceñidas de lana, encima de las cuales podían emplearse defensas rígidas. En los pies, lo más usual era el calzado de cuero. El conjunto suponía una buena defensa, que aseguraba protección y a la vez garantizaba la movilidad. El infante, a diferencia del caballero, andaba y corría, y no debía quedar abrumado por el peso de la armadura.

Con respecto a las armas ofensivas, la pica, la espada y la daga siguieron manteniendo importancia. Las mazas largas y los picos de combate también proliferaron, así como un artefacto extraño que se reveló muy útil, la alabarda, una especie de lanza que en el extremo tenía una punta de lanza, un pico y una hacha. Las grandes espadas para manejar con las dos manos también eran usadas por los infantes. Los escudos eran de anchura variable, pero abundaban los escudos circulares de dimensiones reducidas.

Las ballestas continuaban teniendo mucha importancia. Su potencia aumentó gracias al uso de pequeños cabrestantes y palancas para tensar las cuerdas. Al mismo tiempo, los ejércitos ingleses popularizaron los arcos largos durante el siglo

XIV, con un poder de penetración capaz de perforar todo tipo de armaduras. En manos de tropas entrenadas destrozaron la mejor caballería pesada de Europa, la francesa, en batallas como Crécy y Agincourt.

Es sobre este tipo de equipos que a finales del siglo XV incidieron las armas individuales de fuego, que proliferaron en este periodo. Estas armas se utilizaban principalmente en posiciones estáticas de defensa y ataque, dado que su manipulación resultaba compleja. El equipo de estos cañoneros individuales no era diferente al del conjunto de los soldados de infantería. Sin embargo, con los grandes ejércitos de infantería del siglo XVI su equipo se volvió cada vez más ligero.

NUEVAS ESTRATEGIAS

A finales del siglo XV, la mayoría de las tropas que luchaban en Europa eran profesionales a sueldo. La caballería había perdido su prepotencia y ahora era un arma que actuaba con prudencia. La infantería había aumentado en eficacia, se había blindado, algunas unidades continuaban usando falanges de picas como táctica de defensa y ataque, al tiempo que otras incorporaban armas de fuego portátiles. A su vez, los cañones estaban cada vez más presentes en o contra las fortalezas y en los campos de batalla. Había una situación de estancamiento, de compás de espera, sin grandes diferencias entre los ejércitos. Todo esto cambió súbitamente a principios del siglo XVI, y quien lo propició fue, precisamente, Fernando II el Católico, en el marco de las guerras italianas o de Italia (1494-1559), libradas para dominar la península itálica y que enfrentaron a Francia, Aragón, el

Soldados de infantería de finales del siglo XV.
Los ballesteros y arcabuceros eran los encargados de
luchar a distancia, contra los bloques de infantería o las
cargas de la caballería. Los piqueros y hombres de
armas luchaban cuerpo a cuerpo. La alabarda, que era a
la vez lanza, hacha y pico, era muy útil para herir o
descabalgar a los jinetes enemigos cuanto estos eran
rodeados por la infantería (MHP).

Papado, Nápoles y varias ciudades italianas. Fernando utilizó tropas procedentes de las guerras de Granada para hacer valer sus derechos sobre Nápoles. Estas tropas, profesionales y experimentadas, mayoritariamente eran de origen hispano. Su jefe, Gonzalo Fernández de Córdoba, el Gran Capitán, dirigió, al servicio de la Corona de Aragón, la primera gran transformación de los ejércitos modernos. El Gran Capitán se arriesgó a organizar sus tropas a partir de nutridos grupos de arcabuceros acompañados por piqueros, y reducidas fuerzas ligeras de caballería. Sus arcabuceros contaban con un justo equipo individual: una bolsa con balas, mechas, material de limpieza y pólvora distribuida en pequeños tubos contenedores que colgaban de una bandolera; llevaban casco, pero las protecciones corporales eran escasas para facilitar los movimientos. Su armamento ofensivo, un arcabuz, se complementaba con una espada. Estas fuerzas se podían desplegar a considerable velocidad. Como su armamento principal, el citado arcabuz era lento de recargar, el Gran Capitán añadió dotaciones de piqueros a los contingentes de arcabuceros, con la intención de dificultar los ataques de la caballería enemiga especialmente peligrosos si acontecían mientras los arcabuceros estaban en proceso de recarga de sus armas.

Las ideas e intuiciones del Gran Capitán respecto al uso masivo de armas de fuego se vieron recompensadas en el campo de batalla. En 1503, Ceriñola fue justamente la «prueba de fuego». Las fuerzas al servicio del Rey Católico se desplegaron y atrincheraron en los contrafuertes de un cerro, protegidas por un barranco y un terraplén. Fernández de Córdoba envió su caballería ligera a provocar a los franceses, que respondieron. Los piqueros y hombres de armas franceses se desplegaron y, formando líneas densas, avanzaron con las picas en ristre con la convicción de que embestirían y se llevarían por adelante la delgada línea de las tropas del Gran Capitán. Cuando los franceses estuvieron a tiro, recibieron nutridas descargas de los arcabuceros, quedaron diezmados y fueron incapaces de coronar el asalto. Fue una carnicería; las tropas de Fernández de Córdoba pasaron al contraataque cuando el enemigo estaba deshecho y consiguieron una victoria total. Con sus arcabuceros, el Gran Capitán volvió a vencer en la batalla del Garellano, el mismo año 1503; en esa ocasión utilizó la infantería con armas de fuego en disposición ofensiva. Las victorias del Gran Capitán dieron a Fernando II el Católico la Corona de Nápoles y, lo que es más importante, iniciaron las guerras modernas, caracterizadas por la hegemonía de las grandes masas de infantería dotadas de armas de fuego.

Este cambio supuso una cierta democratización de los ejércitos. Hasta entonces, las tropas de elite, que eran los jinetes a caballo, se habían vinculado al grupo social dirigente. No todo el mundo podía ser caballero, ni todo el mundo podía tener las armas del caballero, ni caballos, ni se podían alquilar u organizar fácilmente ejércitos montados. Contrariamente ahora, a comienzos del siglo XVI, las armas más eficaces eran baratas, el arcabuz era un tubo de hierro y no era más difícil de forjar que una espada. Con pocos recursos, podían armarse muchos arcabuceros y piqueros, y no hacía falta ser de noble estirpe para manejar esas armas.

Como arma, el arcabuz podía ser inferior al arco largo inglés en cuanto a precisión y velocidad de disparo, pero por contra cualquier campesino

La batalla de Novara, ocurrida en 1533, fue un éxito de las tácticas empleadas por los piqueros suizos contra la pesada caballería francesa, durante la lucha por el norte de Italia.

podía llegar a ser, con un entrenamiento mínimo, un buen tirador o un firme piquero, mientras que el manejo del arco requería de un adiestramiento complejo.

La guerra medieval había acabado definitiva-mente. Analistas del momento estudiaron con cierta profundidad los cambios que se estaban operando, tanto a nivel de asedios y fortificacio-nes como en la composición de los ejércitos en campaña. El florentino Nicolás Maquiavelo fue uno de los estudiosos más perspicaces. Sus obras *El Príncipe* (1513), *Discurso sobre la primera década de Tito Livio* (1519) y *Del arte de la Guerra* (1520-1521) dan una idea precisa de la percepción de la política y la guerra en el periodo. El mismo Maquiavelo fue a la vez dirigente polí-tico y técnico militar, y emprendió la renovación de las defensas de Florencia, en colaboración con Miguel Ángel, en 1526. Esta dilatada experiencia fue probablemente lo que motivó a Maquiavelo a

destacar la importancia de las cuestiones diplomáti-
cas y políticas, y los sistemas de organización de
los ejércitos. También teorizó sobre la defensa de
plazas y el uso de la artillería. Pero Maquiavelo,
además, captó la importancia que adquiría la infantería, y fue el primero en explicar que con las
nuevas armas combinadas de los infantes, los baratos arcabuces y picas, los grandes ejércitos iban a
ser los hegemónicos. Las guerras ya no se ganarían
a partir de la calidad de las reducidas y selectas
fuerzas de caballería como tantas veces había
ocurrido durante la Edad Media, sino por el número
de infantes y armas de fuego. La cantidad pasaba a
prevalecer por encima de la calidad. Esta lógica
dejaba fuera del juego militar a los países con una
demografía débil. Y el caso de la decadencia militar
de las repúblicas italianas o de los estados de la
Corona de Aragón fue un ejemplo al respecto. Las
mayores potencias demográficas como la Corona
de Castilla, el Sacro Imperio y Francia pasarían a
disputarse desde principios del XVI la hegemonía en
Europa.

Maquiavelo también se esforzó en definir las
características del príncipe militar ideal. Uno de
sus referentes fue César Borgia, hijo del papa
Alejandro VI y jefe de los ejércitos pontificios.
César era consciente de la importancia de la innovación y a tal fin contrató como asesor militar a
Leonardo da Vinci. Sus intereses se centraron en la
construcción de buenas ciudadelas para defender y
controlar ciudades. Contrariamente, las ingeniosas
ideas de Leonardo (los tanques, la artillería múlti-
ple, las diversas máquinas de guerra) irrealizables
teniendo en cuenta los recursos tecnológicos de la
época, no interesaron al pragmático caudillo de la
Santa Sede.

Con respecto a las tácticas navales, las armas de fuego también fueron decisivas. Las naos, carabelas y carracas se dotaron con numerosas piezas de artillería. Esto obligaba a las naves armadas a atacar de lado y, a causa del viento, no siempre podían dirigirse donde les interesaba. En el Mediterráneo, las galeras subsistieron porque los remos les conferían gran velocidad y maniobrabilidad, a pesar de que en numerosas batallas ya se había demostrado que dicho tipo de naves eran poco útiles contra naves bien artilladas. En el Atlántico, por el contrario, las galeras no eran operativas, ya que se inundaban fácilmente cuando el oleaje era fuerte. La galera adoptó mejoras como el timón de codaste y la artillería, que forzosamente se tuvo que disponer en la proa. Ello limitaba las posibilidades en cuanto a potencia de fuego, puesto que el número de piezas que se podían ubicar era reducido. Las galeras mantenían la táctica de ataque tradicional embistiendo de frente al enemigo; las naos y galeones debían atacar en línea. Cuando un grupo de naves contaba con el viento favorable, se colocaban en fila y atacaban al enemigo pasando por su lado disparando andanadas con sus cañones, primero una nave, después la siguiente y así sucesivamente. Con la generalización de la artillería, los combates entre galeras y naves acabaron siendo favorables a las segundas. Difícilmente una galera podía atacar y vencer a una nave armada y artillada, dotada de altas bordas y de castillos a proa y popa. Ahora bien, las naves eran lentas y no podían decidir cómo y cuando atacarían, propósito que sí que podían decidir las galeras. Esta velocidad e independencia de los elementos fue la razón de que la galera mediterránea mantuviera todavía un papel en la marina militar de la Edad Moderna. De hecho, el Mediterráneo aún conocería en los siglos XVI y XVII grandes flotas de galeras y grandes batallas de galeras, como la de Lepanto, sucedida en 1571, que paró de forma decisiva la expansión turca en el Mediterráneo al eliminar la amenaza de su potente flota. Por otra parte, la lucha contra piratas y corsarios siempre tuvo en estas rápidas embarcaciones, y hasta finales del siglo XVIII, un buen instrumento de defensa y ataque.

2

Una guerra de más de treinta años (1556 - 1697)

La infantería invencible.

En Europa, el siglo XVI significó la consagración del arcabuz como arma suprema. Cuando Felipe II accedió al trono hispano en 1556, los ejércitos de arcabuceros y piqueros eran los dueños de los campos de batalla, y así se mantuvieron hasta el final de la Guerra de los Nueve Años, en 1697.

A mediados de siglo XVI, los arcabuces con llave de mecha acostumbraban a medir 1,30 m, pesaban unos 6 kg, y usaban balas de plomo de unos 30 g de peso. El arcabuz era un artefacto fácil de manejar, necesitaba poca instrucción, y su coste era bajo. La generalización de su uso provocó, tal y como se ha descrito en el capítulo anterior, el declive de las cargas de caballería y un giro copernicano en el planteamiento de la guerra. Había llegado la hora de los grandes estados que controlaban territorios extensos, con población abundante y capacidad para movilizar grandes ejércitos.

En 1556, Felipe II se hizo cargo de los reinos hispánicos y sumó tres décadas después a los dominios de los Austrias el trono de Portugal con los territorios lusos de América, África y Asia. Los Austrias, los Habsburgo españoles, incrementaron notablemente sus ya grandes recursos y masas de población, y pugnaron por el dominio del mundo con sus ejércitos de arcabuceros y piqueros. Al tiempo, los monarcas de la Europa Occidental se enzarzaron en continuas guerras, disputándose la colonización y el dominio del planeta. Las civilizaciones no europeas, simplemente no tuvieron capacidad tecnológica o logística para enfrentarse a los conquistadores, a excepción de algunos estados como Japón o China. Tan solo el Imperio otomano fue una amenaza exterior importante para las potencias europeas, contra las que mantuvo, en el Mediterráneo, un enfrentamiento sin tregua. Las guerras de religión fueron el punto culminante de la dialéctica bélica, llevando los enfrentamientos armados a una nueva dimensión superior de destrucción. Finalmente, durante el siglo XVII la terrible Guerra de los Treinta Años provocaría la barbarie y el caos total. Todos estos conflictos se libraron con las armas de fuego que habían marcado el inicio de la modernidad.

La infantería de los siglos XVI y XVII contaba con dos armas básicas: el arcabuz y la pica. Ambas necesitaban las dos manos para usarse, y por lo tanto no se manejaban a la vez. Requerían dos tipos de soldados distintos: arcabuceros y piqueros. Los arcabuceros tenían la función de disparar tanto en defensa como en ataque, es decir, luchaban a distancia. Los piqueros tenían como función principal proteger a los arcabuceros, que no siempre podían producir un fuego regular debido a la lentitud de la recarga. Principalmente los tenían que defender contra los ataques de la caballería, que podían ser muy peligrosos cuando cargaban contra los flancos de una formación de arcabuceros.

Respecto a la denominación de las armas de fuego que tipificaban la infantería de los siglos XVI y XVII, existe una polisemia que conviene precisar. Los términos *arcabuz, mosquete* y *escopeta* se utilizan indistintamente para denominar armas muy parecidas. Las escopetas eran armas civiles, largas y de poco peso, destinadas sobretodo a la caza. Los arcabuces de la segunda mitad del XVI aumentaron peso y longitud de tubo, con lo cual ganaron en precisión y alcance, hasta que se generó una nueva arma: el mosquete. Parece que los españoles fueron los primeros en usar este artefacto hacia el año 1567. No se conoce con certeza el origen del nombre; podría derivar del italiano *moschetto* o del castellano *mosca*. Los mosquetes tenían una longitud media de 140 a 160 cm, y su peso podía sobrepasar los 7 kg. El calibre del ánima era de 18 a 20 mm. Los proyectiles del mosquete pesaban entre 40 y 60 g, y la cantidad de pólvora necesaria para el disparo era de unos 23 g. El alcance del arma era de 300 m, pero difícilmente resultaba letal más allá de los 100, y era muy difícil acertar una persona a más de 50 m. Para manejar este pesado artefacto hacía falta una horquilla, que ayudaba a soportar el arma en posición de disparo. El arcabuz y el arcabuz pesado, el mosquete, convivieron y las unidades de infantería del siglo XVI contaban indistintamente con armas de ambos tipos. Arcabuces y mosquetes fueron armas de uso militar, resisten-

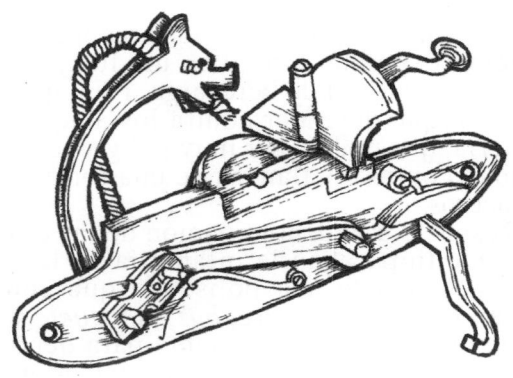

Mecanismo de llave de mecha. La mecha encendida se
acerca a la cazoleta, donde una pequeña cantidad de pólvora
se enciende al contacto con la mecha. La cazoleta
se comunica con el interior del arma, dónde se incendia
violentamente la carga de pólvora, impulsando una bala de
plomo a toda velocidad (MHP).

tes, de fácil manipulación y fabricación. La llave de mecha, barata, fuerte y con pocas averías, siempre fue la más usada.

· Cargar estas armas no era fácil, el proceso no era excesivamente diferente del utilizado en los arcabuces de principios del XVI. En primer lugar se depositaba pólvora de grano fino en la cazoleta. También se podía poner pólvora normal y restregarla contra la base, expresamente rugosa, de la cazoleta. A continuación se cubría la cazoleta con su tapadera giratoria. Después se colocaba pólvora de grano más grueso en el interior del cañón. Podía hacerse a partir de un pequeño botellín de madera donde había dosificada la cantidad justa para un disparo, o bien a partir de otro frasco que disponía de un tapón dosificador. Seguidamente se entraba la bala, con estopa, papel o trapo, y todo se comprimía con la baqueta. A continuación se colocaba la mecha en el serpentín, ya que para evitar accidentes se mantenía alejada mientras se procedía a la carga. Hacer todas las operaciones aguantando mosquete, horquilla, mecha y frasco de pólvora exigía práctica e instrucción. La operación podía prolongarse durante dos minutos. La precisión del arma era baja, y de hecho los ejércitos europeos, a diferencia de los arcabuceros japoneses, no le daban importancia a la puntería de sus soldados, siendo mucho más fundamental una velocidad de disparo suficientemente rápida como para mantener la presión sobre las tropas enemigas. Por otra parte, cuando llovía era casi imposible disparar; en algunas ocasiones los enfrentamientos o las batallas se aplazaban si había previsión de lluvia.

Para utilizar sus armas, el mosquetero y el arcabucero necesitaban un equipo lo más funcional y ligero posible. Normalmente contaban con un cinturón del que colgaban una bolsa con las balas, y uno o dos frascos de pólvora (uno con la pólvora gruesa normal y otro con pólvora fina para cebar el arma). También pendían de este cinturón unos 4 o 6 m de mecha enrollada, y las correas que aguantaban la espada. A partir del último tercio del siglo XVI, llevaban un tahalí del cual colgaban hasta doce botellines de madera o metal que contenían las medidas justas de pólvora para un disparo. Los españoles denominaban a este cinturón con el nombre de «los doce apóstoles». Los mosqueteros del XVII ya no usaban armaduras de protección, con excepción de cascos de hierro y petos de cuero.

A finales del siglo XVI, los piqueros iban armados con la pica larga que podía alcanzar los 5,50 m. Los piqueros tenían que luchar cuerpo a cuerpo y soportar fuertes embestidas. En la cabeza llevaban un morrión o un bacinete y en el cuerpo el coselete, armadura que se componía de peto y espaldar, y aún los había que no llevaban ningún tipo de armadura. Todos contaban, eso sí, con una espada.

Otras armas como alabardas, partesanas o lanzas estaban restringidas a los mandos. También era extraño entre la infantería el uso de pistolas y carabinas.

Los ejércitos de la época no destacaban precisamente por su uniformidad. Cada cual iba con lo que podía; lo más usual eran las calzas anchas con medias, zapatones de piel y cuero, camisa y una chupa de cuero. En la cabeza, un sombrero de ala ancha con una pluma. A menudo, el color de la pluma, que también se aplicaba al casco, era el único distintivo de la nacionalidad. Los españoles denominaban «chambergo» a ese tipo de sombrero, puesto que lo puso de moda el

Grabado que muestra el atuendo y armamento de un
mosquetero de mediados del siglo XVII. El mosquete, más
pesado que el arcabuz, se apoya en una horquilla.
El soldado no lleva ningún tipo de protección, y además del
arma de fuego tan solo dispone de una espada para defensa
personal. Se aprecian «los doce apóstoles»,
así como el frasco de pólvora.

mariscal francés Schomberg. Los ejércitos españoles de mediados de siglo XVII acostumbraban a usar pluma roja y los franceses, azul. Las plumas de avestruz eran las más difíciles de obtener ya que llegaban desde África a través de un complejo comercio. Las tropas del rey sueco Gustavo Adolfo de Suecia, en la Guerra de los Treinta Años, probablemente fueron de las primeras en usar algún tipo de uniformidad, puesto que algunos regimientos fueron nombrados por el color de sus prendas.

Por su parte, a lo largo de la segunda mitad del siglo XVI y durante el XVII la caballería había quedado arrinconada por las armas de fuego. Durante el siglo XVI, los pesados caballeros armados con lanzas y armaduras compartieron protagonismo con caballeros equipados con medios de fortuna, arcabuces y caballos de escasa calidad. En el siglo XVII, los soldados a caballo continuaban presentes en los campos de batalla, aunque con menor protagonismo en los combates y con cambios en sus tácticas.

La evolución del arnés blanco fue espectacular. El proceso de fabricación se estandarizó a la vez que el dominio técnico posibilitó que redujera peso de manera radical. Una armadura casi completa podía pesar una docena de kilos. Los usuarios de estas armaduras fabricadas en serie ya no eran los caballeros provenientes de la nobleza, sino los jinetes a sueldo de los poderes estatales o fácticos. En última instancia se trataba de armaduras muy relucientes pero poco resistentes. Pero eso importaba poco, ya que las armas de fuego eran igual de efectivas ya fuera contra armaduras caras o baratas. A menudo los jinetes que querían lograr una cierta protección tenían que procurarse un peto suplementario *pret-à-porter* para colocarlo encima de las armaduras. En cualquier caso, la imagen tradicional del caballero subsistió, transmutándose, en los coraceros y en los lanceros que durante el siglo XVI y la primera mitad del XVII ostentaban relucientes armaduras aparentemente completas.

Lanceros y coraceros componían la caballería pesada y de choque. Las distinciones entre unos y otras eran escasas. Los coraceros tenían equipos y caballos de más calidad. Los lanceros fueron desapareciendo a principios del siglo XVII y los coraceros fueron acortando equipo. A finales del siglo, las protecciones metálicas se limitaban a un buen peto, con o sin espaldar, y un casco, y en algunos casos ya ni tan solo eso. La denominación de coraceros pasó a ser simplemente de prestigio de unas unidades de caballería con respecto a otras y para justificar un mayor sueldo.

A lo largo del siglo XVI se desarrollaron armas para dotar a la caballería de mayor potencia de fuego. Los denominados arcabuceros a caballo disponían de dos pistolas de cañón largo en las pistoleras delanteras del caballo, y también de un arcabuz corto. La cureña del arma contaba con una guía por la cual se desplazaba una anilla que, a su vez, enlazaba mediante un mosquetón con el extremo de un tahalí denominado *bandolera*. De esta manera el jinete podía manipular el arma sin peligro de perderla. Una vez agotadas sus posibilidades de fuego, estos jinetes todavía tenían una espada larga con la cual atacar. Por lo que respecta a las defensas, se limitaban a casco y coselete. Con el tiempo, también se dotaron de carabinas, una especie de arcabuces cortos.

Los denominados *dragones* fueron la gran novedad del periodo. A nivel conceptual, eran infantería montada, es decir mosqueteros que se desplazaban a caballo pero que bajaban a luchar a pie, y que usaban fundamentalmente armas pesadas de infantería. De hecho, ni siquiera se les consideraba caballería. Su importancia fue en aumento a lo largo del siglo XVII, puesto que fueron usados como arma polivalente, desplazándose rápidamente a los flancos del ejército y parapetándose detrás de accidentes del terreno, zanjas o vallas. Prueba de ello es el importante papel que realizaron los dragones de Oliver Cromwell en la batalla de Naseby de 1645, que decidió la Guerra Civil inglesa.

La espada y dos pistolas largas se convirtieron en las armas básicas de la caballería, a las cuales se sumó la carabina. Cada pistola se colocaba en una pistolera o arzón, a derecha e izquierda de la zona delantera de la silla. Sin embargo, el uso de pistolas no era fácil montando un caballo. Fueron armas viables cuando se estandardizó un nuevo tipo de llave que permitía disparar sin recurrir a la complejidad de la mecha. La denominada llave de rueda empezó a popularizarse a partir de 1520. El artefacto, originario de la Europa central, consistía en una ruedecilla dentada de hierro que se tensionaba con un resorte; cuando el gatillo soltaba la rueda, esta giraba y frotaba una pirita produciendo chispas que encendían la pólvora. Después de cada disparo hacía falta tensar el resorte con ayuda de una manivela. El artefacto era delicado y requería mantenimiento ya que la suciedad podía tener efectos desastrosos. Esta llave se podía aplicar a todo tipo de armas, largas o cortas, pero tuvo importancia especial en el desarrollo de las pistolas, que fueron las armas de la caballería.

No está claro el origen de la palabra *pistola*; se dice que deriva de las armas ligeras checas denominadas *pistály*. Otros argumentan que el arma la inventó Camelio Vetelli en la ciudad italiana de Pistoia. La pistola de rueda se convirtió en un arma fundamental para la caballería, porque a diferencia del arcabuz se podía manejar con una sola mano y la llave de rueda permitía disparar incluso al galope. Aunque, eso sí, las llaves de rueda no se podían fabricar de manera masiva, eran frágiles y caras y su uso no pudo hacerse extensivo a las unidades de infantería.

Pero los mecanismos de automatización no se limitaron a los artefactos de rueda. Pronto se ensayaron llaves en las cuales una piedra de sílex golpeaba una batería de hierro para generar chispas que incendiaran la pólvora. Sin embargo, la evolución de estos sistemas presenta una cronología confusa. En el norte de Europa, la primera llave de percusión que tuvo éxito fue la «chenapan». Las piezas del artefacto recordaban un pollo, de ahí el nombre holandés de *snaap-haan* (pollo picoteando), que pasó al francés como *chenapan*. El artefacto se componía de una pieza que sujetaba una piedra de sílex y una batería de hierro a manera de yunque. Al apretar el gatillo la piedra golpeaba la batería y generaba chispas. La llave se inventó en Holanda hacia 1530, y se calcula que el coste de su fabricación era un 25% más barato que el de una llave de rueda. Durante la segunda mitad del XVI, se expandió en Inglaterra, donde se equipó a algunas unidades militares a partir del 1580, pero su uso no llegó a generalizarse.

En el sur de Europa y en el Mediterráneo se usó la llave «miquelet». El artefacto también se conoce con las denominaciones de «llave catalana» y «llave española», que asocian su origen a la península ibérica. Hay autores que sitúan la invención hacia el 1587, gracias a un diseño del armero Marquarte, que, a pesar de pertenecer a la dinastía de los Markhardt de Augsburgo, trabajaba en España, pero no hay ninguna prueba al respecto.

Los ejemplares más antiguos de la llave miquelet se han localizado en Ripoll (Cataluña) y fueron fabricados por el armero Pere Deop a finales del XVI. Por otra parte el nombre «miquelet» (miguelito o miguelete) sugiere también un origen catalán. Probablemente este tipo de llaves de sílex eran usadas por los «miquelets», mercenarios catalanes, montaraces y feroces, que participaron en las guerras de los siglos XVII y XVIII. La definición técnica definitiva de la llave miquelet debe situarse entre 1620 y 1630. La resultante fue tan perfecta que se mantuvo con muy pocos cambios durante más de doscientos años.

La llave de sílex a la francesa, que se divulgó por el centro y el norte de Europa a finales del XVII, no sustituyó a la llave miquelet en el Mediterráneo, donde esta última se continuó utilizando tanto para usos civiles como militares. La llave miquelet y llaves de tecnología asociada como la «romana» o la «florentina» fueron usadas por venecianos, genoveses y caballeros hospitalarios. Los turcos también adoptaron masivamente platinas de tipo miquelet.

La llave miquelet era muy compacta, y en una sola máquina sumaba las distintas piezas. Los mecanismos estaban en el exterior de la placa y contaba con un seguro que impedía el disparo fortuito. Era un artefacto robusto, seguro, con pocas averías, rápido y altamente fiable. Por otra parte, su coste era muy inferior al de las complejas llaves de rueda.

Los retratos pintados por Velázquez del rey español Felipe IV y del Cardenal Infante Fernando

Llave o platina «miquelet», típica de los ejércitos hispánicos.
Todo el mecanismo es exterior, al contrario que otros tipos
de llaves. Equipó soldados a lo largo y ancho de todo el
Mediterráneo desde el siglo XVII al XIX (AXH).

muestran escopetas de caza con magníficas llaves
miquelet que evidencian el prestigio que consiguieron este tipo de armas.

Por su parte, durante el siglo XVI la artillería
tuvo un desarrollo caótico. Los Austrias se encontraron con una problemática compleja, ya que
gobernaban sobre diferentes territorios y cada uno
tenía su propia artillería con diferentes calibres,
piezas de hierro o bronce y munición de piedra,
hierro o plomo. Carlos V propició la unificación
de calibres, de forma que a partir del 1535 las
fundiciones bajo su control, y singularmente las
de Málaga, potenciaron la producción de cuatro
tipos estandarizados de cañones. Todos ellos estaban hechos de bronce, y se denominaban por el
peso de los proyectiles esféricos de hierro que
disparaban: tres, seis, veinticuatro y cuarenta
libras (una libra equivale a 0,45 kg). A principios
del siglo XVII, los calibres y las tipologías usadas
en toda Europa tendían a la unificación. Los caño-

nes se fundían en el denominado bronce de cañón, compuesto por una aleación de cobre (100 medidas), estaño (20 medidas), plomo (10 medidas) y latón (5 medidas). Felipe III impulsó un nuevo intento para unificar calibres y características. El cañón de batería, apto para usarse en asedios, era de cuarenta libras, y medía 18 calibres de longitud (la longitud se medía según el diámetro de las balas que disparaba). El siguiente tipo era el medio cañón de veinticuatro libras y 19 calibres, seguido por el cuarto de cañón de diez libras y 24 calibres, y la pieza de campaña de cinco libras y 32 calibres. Además de las balas esféricas de hierro, los cañones también disparaban botes de metralla que estallaban en el aire. Estos botes, que tenían un alcance reducido, estaban hechos de cuero, y al romperse con el disparo rociaban a las tropas cercanas con una mortífera lluvia de balas de plomo y clavos.

Normalmente, los cañones eran especialmente útiles en tiro tenso, es decir mientras la trayectoria de la bala se mantenía rectilínea; entonces podían impactar con fuerza contra estructuras de piedra, tierra o madera. Las balas rígidas también eran terribles cuando atravesaban una nutrida formación de soldados, dado que las filas podían quedar literalmente segadas. Los proyectiles rígidos de igual manera resultaban peligrosos para los soldados después de tocar tierra, ya que la bala continuaba avanzando en rebotes letales.

Los cañones de calidad eran de bronce; sin embargo a mediados del siglo XVII ya había cañones de fundición de hierro auténticamente funcionales. En 1541, el reverendo inglés William Levett, nacido en Sussex, había empezado a fabricar artillería de hierro en Ashdow Forest. Los ingleses desarrollaron una tecnología cañonera y

Réplica de cañón del siglo XVII ubicado en la fortificación renacentista de Dalt Vila (Ibiza). En la fotografía, se observa la gran cureña destinada a sostener el tubo metálico, apta para ser arrastrada por reses. Al fondo, se adivinan defensas improvisadas típicas del periodo hechas de mimbre, así como proyectiles esféricos (AXH).

la aplicaron para artillar, a bajo precio, la marina de guerra, y para defensa de fortalezas y murallas. Los suecos siguieron los pasos británicos y a mediados de siglo XVII exportaban una importante cantidad de piezas. Los cañones de bronce siempre se revelaron superiores y más fiables que los de hierro, pero la diferencia de precio entre unos y otros resultaba desmesurada. Por término medio, el coste de un cañón de bronce era equiparable a diez de hierro. Para piezas de igual calibre, los cañones de hierro debían ser más gruesos y de más peso que los de bronce, ya que eran más propensos a estallar o resquebrajarse. El mayor peso y dimensión dificultaba su manejo como cañones terrestres móviles o de campaña. Contrariamente, resultaban rentables en posiciones fijas: barcos y fortalezas. Los navíos podían alojar docenas de cañones. Los artilleros navales no fiaban tanto en la puntería como en el disparo masivo de muchas bocas de fuego en una andanada. Gracias a los cañones de hierro los barcos se podían armar poderosamente y a un precio módico. De hecho, hubiese sido prácticamente imposible artillar las crecientes flotas del XVII y del XVIII exclusivamente con los caros cañones de bronce. Paralelamente al desarrollo de artillería apta para ser usada en barcos, se diseñaron nuevos modelos de cureña (el armazón de madera que sostiene el cañón), teniendo especial éxito las inglesas. Teniendo cuatro ruedas en lugar de las dos usuales, los cañones a bordo de los barcos ingleses que combatieron a la Armada Invencible de Felipe II en 1588 pudieron ser recargados mucho más fácilmente que los de sus rivales. Esta fue la causa principal de la derrota de la flota de invasión, además de las tormentas, puesto que las descargas de los buques ingleses, que podían

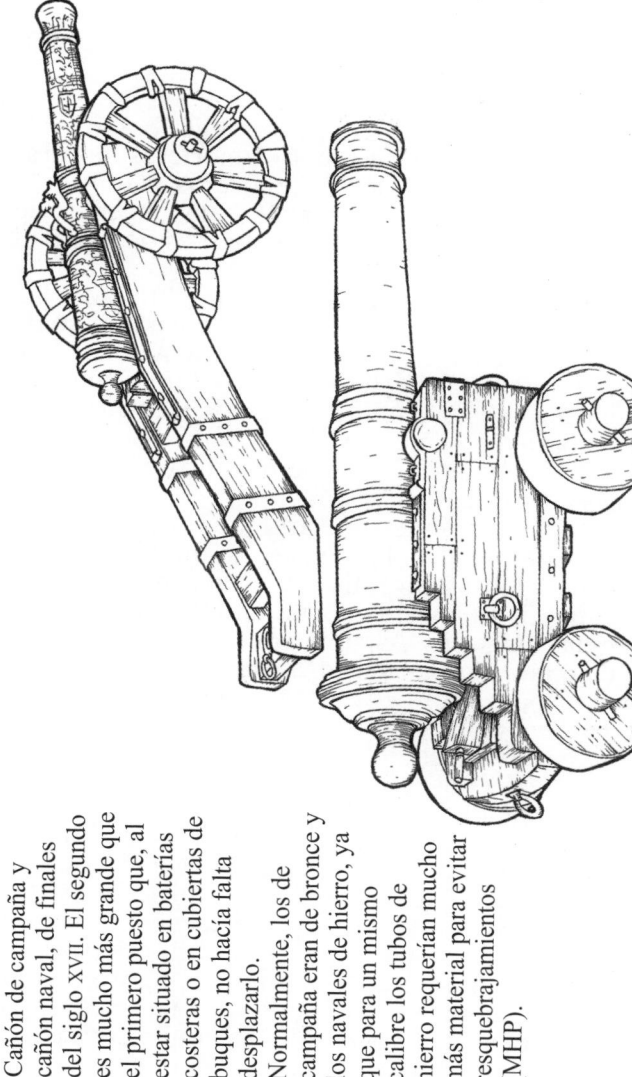

Cañón de campaña y cañón naval, de finales del siglo XVII. El segundo es mucho más grande que el primero puesto que, al estar situado en baterías costeras o en cubiertas de buques, no hacía falta desplazarlo.

Normalmente, los de campaña eran de bronce y los navales de hierro, ya que para un mismo calibre los tubos de hierro requerían mucho más material para evitar resquebrajamientos (MHP).

alejarse para recargar y volver a disparar, hicieron estragos en los buques españoles.

De otro lado, los morteros y los pedreros seguían la tradición de las antiguas bombardas medievales de gran calibre. Los morteros disparaban en tiro parabólico. Los pedreros eran piezas de gran calibre que disparaban balas macizas de piedra, al estilo de dichas bombardas de la Edad Media.

El alcance de las piezas era muy limitado. Un cañón de veinticuatro libras, en tiro parabólico de 45°, podía enviar un proyectil rígido a más de 2 km; pero su alcance efectivo en trayectoria tensa se limitaba a unos 400 m. La pieza más pequeña, la de cinco libras, podía enviar balas en tiro parabólico de 45° a más de 2,5 km, pero el tiro efectivo no pasaba de los 250 m.

Las operaciones de carga de las piezas artilleras siempre eran lentas: un cañón de los grandes, de veinticuatro libras, difícilmente podía disparar en menos de diez minutos, es decir podía efectuar unos seis disparos por hora. Los cañones de campaña podían ser más rápidos y superar los doce disparos por hora, pero después de cuarenta descargas tenían que dejarse enfriar durante una hora. No fue hasta el siglo XVIII que los cañones de campaña consiguieron cadencias de dos disparos por minuto.

Después de cada disparo se tenía que limpiar el ánima y su extremo, el fogón, acción que se hacía mediante una especie de escoba. La operación era obligatoria, ya que la presencia de restos incandescentes podía provocar un desastre al recargar la pólvora. A continuación, y con un cucharón, se introducía la pólvora que se comprimía con un atacador. Después se ponía un trapo, o paja, que también se prensaba con el atacador, y

Mortero de los siglos XVI-XVII, expuesto actualmente en el
Museo Naval de Venecia. Al contrario que los cañones de
campaña o los navales, los morteros son muy anchos y
tienen el tubo corto. Estas pesadas piezas de artillería tiraban
bombas explosivas y eran empleadas normalmente durante
los asedios, aunque a veces también se usaban en las batallas
campales (AXH).

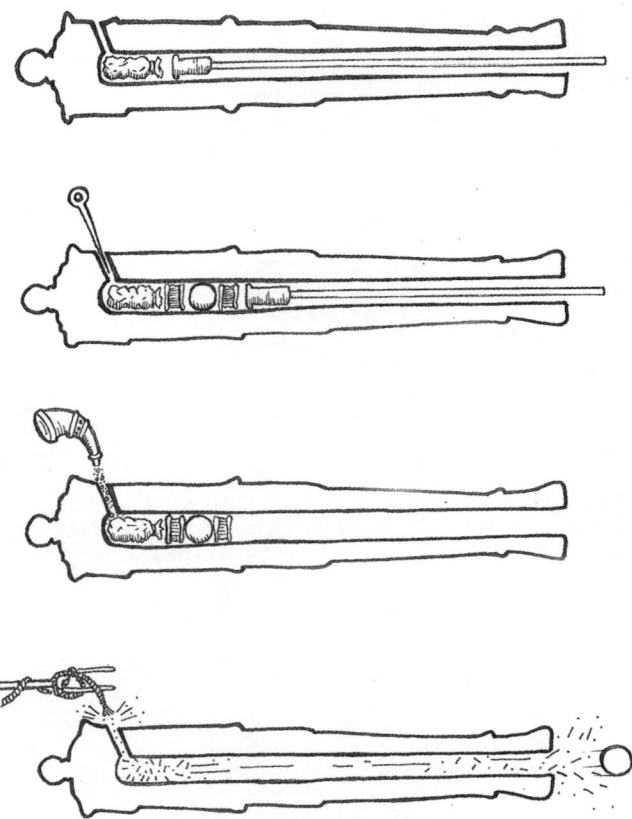

Fases de disparo de un cañón. Una vez introducida en el
tubo la pólvora, se coloca un proyectil, en este caso esférico.
El tercer paso es cebar la pieza con pólvora más fina, y
finalmente se acerca la mecha al oído del cañón. La pólvora
hace ignición, propulsando el proyectil a largas distancias
(MHP).

finalmente se colocaba el proyectil. El cañón se disparaba acercando una mecha al oído, que era el conducto que comunicaba con el fogón. Cuando se quería inutilizar un cañón a toda prisa, simplemente se ponía un clavo de hierro forjado en el oído y se estampaba con un fuerte golpe de mazo. El cañón quedaba de este modo «clavado». El clavo era muy difícil de arrancar, y si se quería reaprovechar el cañón resultaba más práctico taladrar un nuevo oído.

FORMACIONES DE PICA Y ARCABUZ

En el ámbito hispánico de los Austrias, la infantería fue el arma fundamental, y su forma de organización, el «tercio», heredó las innovaciones tácticas adoptadas por las tropas del Gran Capitán. Los primeros tercios del siglo XVI, a partir de 1536, estuvieron formados por arcabuceros y piqueros; después una parte de los arcabuceros se reconvirtió en mosqueteros. Las ordenanzas de Felipe III de 1632 establecían que el tercio se componía de doce compañías, cada una con 250 combatientes. En teoría, pues, un tercio agrupaba tres mil soldados. La compañía hispana, comandada por el capitán, contaba con un alférez encargado de custodiar la bandera, un sargento, un furriel responsable de la intendencia, un barbero que actuaba a la vez como dentista y cirujano, un cura, dos tambores y un pífano para transmitir órdenes. Los combatientes sumaban cien piqueros, noventa arcabuceros y cuarenta mosqueteros. Esta proporción teórica rara vez se cumplía ya que a medida que los ejércitos marchaban los piqueros sustituían sus pesadas picas, muy incómodas de transportar, por mosquetes. Así, normalmente los ejércitos entraban en combate con muchos más mosqueteros que piqueros, con proporciones de tres, cuatro o hasta cinco mosquetes por cada pica.

Todas las unidades se distribuían en cuadros. Así, cuando una compañía formaba, los piqueros se situaban en el centro y los mosqueteros y arcabuceros en las esquinas o rodeando a los piqueros. El cuadro podía avanzar disparando; sin embargo, cuando el enemigo atacaba la disposición se invertía: los piqueros pasaban a primera fila mientras que mosqueteros y arcabuceros recargaban a resguardo de las picas. Esta estructura de cuadro podía ser adaptada para una, dos o más compañías o para todo el tercio, que se convertía en una mole imponente de 3 000 combatientes, lenta pero avasalladora, con una extraordinaria capacidad de fuego a cuatro vientos. Los tercios y las compañías pocas veces estaban al completo; por ello cualquier grupo nutrido, aunque fuera de menos de cien combatientes, era denominado genéricamente «compañía». El mando supremo del tercio era del maestre de campo, que estaba ayudado por el sargento mayor, quien en la práctica era la persona que controlaba el despliegue y tenía el mando directo. Las órdenes se daban de viva voz o también a partir de redobles de tambor.

La formación en cuadro no tenía muchos secretos, y dio muy buenos resultados durante el siglo XVI, pero en el XVII se desveló ya como lenta y particularmente vulnerable frente a la artillería. El cuadro ofrecía una diana infalible para los cañones de campaña, y un proyectil rígido podía abatir, atravesando el cuadro, a docenas de combatientes.

El modelo francés, de otro lado, se basó, a partir del 1560, en el regimiento, que tenía características, composición y despliegue similares al tercio español. Sin embargo, a principios del siglo XVII, y bajo influencia de los holandeses y particularmente de Mauricio de Nassau, los regimientos franceses empezaron a desplegarse de manera diferente. Abandonaron los pesados cuadros y buscaron un despliegue más lineal, con menos hileras pero más alargadas, e intercalando piqueros con mosqueteros y arcabuceros. Al disminuir la profundidad y el número de líneas del despliegue, se reducía el efecto de la artillería contraria, y a la vez se optimizaban las bocas de fuego propias. En una formación en línea, con una profundidad de tres o más hileras, podía disparar mucha gente, mientras que en el cuadro quedaban importantes sectores de combatientes, de las zonas traseras o laterales, sin oportunidad para abrir fuego. En 1643, en la batalla de Rocroi, los franceses, experimentados ya en la nueva formación e intercalando esta infantería con escuadrones de caballería, infligieron una terrible derrota a los tercios españoles de Francisco de Melo. La puntilla a los tercios españoles se dio sin embargo en la sangrienta batalla de Lens (1648), dónde fueron masacrados por la maquinaria militar francesa.

Por lo que respecta a la caballería, en la mayoría de países europeos se organizaba en regimientos, que durante la primera mitad del XVII agrupaban entre quinientos y mil combatientes. El regimiento se dividía a su vez en compañías de ochenta o noventa soldados, comandadas por un maestre de caballería, con el apoyo de un teniente, suboficiales y cabos, un herrador y un reparador de armaduras. Además, había uno o dos trompetas, uno de los cuales portaba el estandarte. A menudo, el concepto de compañía y el de escuadrón se utilizaban indistintamente para definir las pequeñas unidades tácticas. Como anteriormente

Infantería francesa del siglo XVII. Los ejércitos franceses
derrotaron a los tercios españoles al final de la Guerra de los
Treinta Años. Sus tácticas les dieron la supremacía, puesto
que emplearon una potencia de fuego superior,
una caballería soberbiamente entrenada
y unos comandantes muy capaces.

hemos indicado, durante la primera mitad del XVII, la caballería se componía de coraceros y arcabuceros. Los dragones, por su parte, eran considerados infantería montada, y por tanto mantenían armas, calzado y equipo de infantes, incluso para la transmisión de órdenes usaban tambores en lugar de las trompetas de caballería.

En general, los jinetes atacaban disparando sus armas de fuego y después cargaban a espada. Los caballeros alemanes introdujeron la táctica del caracol, la más utilizada a principios del siglo XVII. El caracol se efectuaba de dos maneras. Cuando se atacaba el frente de una unidad contraria, los caballeros de la primera línea se separaban de la formación y avanzaban derechos contra el enemigo. Cuando estaban a unos 30 m, disparaban sus armas de fuego, y giraban todos hacia un lado, formando una hilera que se reincorporaba detrás de la formación propia y pasaban a constituir la última línea, quedando en situación de espera mientras recargaban sus armas. Después de la primera línea atacaba la segunda y así sucesivamente. Cuando se quería combatir el flanco de una unidad contraria, se atacaba por filas. Por orden y desde un flanco propio, las filas se adelantaban, descargaban contra el enemigo y volvían a ocupar su posición. Obviamente el caracol era una táctica compleja, con grandes contradicciones; de hecho, se perdía el impacto de la carga, ya que el caballero frenaba en el último instante para disparar. Esta táctica convivió con otras; así, los arcabuceros a caballo, por ejemplo, buscaban siempre una buena posición para disparar y podían rematar el trabajo con espadas. Los lanceros, en declive, mantuvieron las cargas, y determinados ejércitos, como el sueco o el francés, acostumbrados a la acción ofensiva, no renunciaron nunca a la carga

Aunque la Guerra de los Treinta Años marcó el declive de los tercios, estos aún disfrutaron de numerosas victorias como por ejemplo la de Fleurus, en 1620, contra los ejércitos protestantes mostrada en este grabado, o la que consiguieron sobre el ejército sueco en Nördlingen, en 1634.

frontal con arma blanca. Como caballería pesada destacaron durante estos siglos los espectaculares húsares alados polacos que, complementados por caballería ligera armada con arcos, pusieron en serias dificultades a las tropas de Gustavo Adolfo de Suecia en las batallas de Dirschau, en 1627, y Trzciano, en 1629.

Precisamente en el marco de la Guerra de los Treinta Años, el rey Gustavo Adolfo hizo del ejército sueco una innovadora máquina en todos los sentidos. Gustavo no podía permitirse el lujo de un ejército mercenario para hacer frente a las potencias enemigas, así que introdujo un sistema de reclutamiento que generó un ejército nacional de cuarenta mil combatientes, de entre dieciocho y treinta años. Los suecos dieron suma importancia a la potencia de fuego, aumentando el número de mosqueteros respecto a los piqueros; los mosquetes se aligeraron e incluso los de infantería se automatizaron con llaves de rueda, y también se introdujo el cartucho de papel. Podían disparar con más velocidad y potencia que nadie. Las picas se hicieron más cortas, las armaduras se limitaron y la caballería se organizó con coraceros armados con pistolas y espada, complementados por dragones. Gustavo Adolfo unificó los calibres de artillería, redujo las cureñas y el peso de las piezas, y organizó artillería regimental. Sobre el campo de batalla, dio prioridad al despliegue lineal para aprovechar al máximo la potencia de fuego. Además, organizó cuerpos de ingenieros e intendencia. Sus tropas no se alojaban a costa de la población civil sino en campamentos fortificados. Hizo de la instrucción la principal arma de sus soldados. Los oficiales recibían una formación especial y ocupaban responsabilidades en función de sus capacidades. El rey sueco Gustavo Adolfo consideró además al ejército como un sistema complejo que se debía dirigir con sentido común e inteligencia. Consiguió un ejército nacional, con moral y espíritu de cuerpo, brillantemente comandado, que intervino en la Guerra de los Treinta Años justo cuando las tropas imperiales austríacas, comandadas por el general bohemio Albrecht Eusebius Wenzel von Wallenstein y por el general valón Jean t'Serclaes, conde de Tilly, estaban a punto de culminar su victoria sobre los ejércitos protestantes. Gustado Adolfo le dio la vuelta al conflicto, pulverizando a sus enemigos en la gran batalla de Breitenfeld, en 1631. A pesar de todo, con el paso de los meses el ejército sueco requirió cada vez más reclutas alemanes, y al disminuir el número de tropas veteranas también lo hizo su calidad. Un año después, Gustavo Adolfo fue derrotado en el asedio de Alte Veste, muriendo ese mismo año en su tercera gran batalla, Lützen, que acabó sin ningún resultado decisorio.

Además del sueco, también el ejército inglés de Cromwell aportó innovaciones adicionales a la guerra del siglo XVII. Después de sufrir repetidas derrotas a manos de los realistas, el ejército parlamentario inglés, capitaneado por el conde de Manchester y por el propio Oliver Cromwell, desarrolló nuevas tácticas y entrenamiento para sus tropas. En 1644, aplastaron al ejército del brillante príncipe Ruperto, alterando el curso de la guerra de manera decisiva. En 1645 se formó el New Model Army, embrión del futuro ejército inglés que tantos éxitos cosecharía en los siglos venideros; ese mismo año este ejército selló definitivamente la suerte del rey Carlos I de Inglaterra en la victoria parlamentaria de Naseby. Cromwell y su caballería, los *Ironsides*, se distinguieron por la férrea disciplina que permitió a su comandante usarla de un modo efectivo. Cuando los jinetes de un ejército derrotaban a la caballería enemiga, la perseguían en lugar de atacar a la infantería contrincante desplegada en el campo de batalla. Los *Ironsides* se caracterizaron por evitar estas persecuciones alocadas, ayudando de este modo a derrotar la infantería realista y contribuyendo de modo decisivo a la victoria parlamentaria final en la guerra.

UNA GUERRA SIN REGLAS

Durante el siglo XVII, en el conjunto europeo había dos clases de unidades militares: los soldados a sueldo y las milicias. El grueso de las tropas estables de las monarquías y, singularmente, los tercios españoles eran tropas profesionales a sueldo. En el caso español, muchos nobles arruinados buscaron fortuna en la carrera de las armas. Los tercios estaban repletos de hidalgos expertos, teóricamente, en el manejo de las armas y con experiencia de mando. Ello comportó un problema, ya que el exceso de oficialidad de noble cuna no era ni práctico, ni económico. Contrariamente, en Francia la nobleza se integró de manera más mesurada en el ejército, mientras que en los Países Bajos y en la Inglaterra cromweliana fue la burguesía quien nutrió la oficialidad. La baja nobleza o la alta burguesía acabaron creando una tradición de mando en los campos de batalla europeos. Los ejércitos eran poco disciplinados; a menudo, la carencia de paga se compensaba con el pillaje, el robo consentido por los mandos y la brutalidad extrema. Vivían sobre el terreno y la población civil se veía forzada a alojar y mantener lo que en la práctica eran cuadrillas de ladrones, criminales y violadores, y durante largos periodos. Los meses de campaña militar se limitaban generalmente a los de primavera y verano, lo cual comportaba largos alojamientos de invierno. La presencia de soldados ociosos, vagabundos o hambrientos propiciaba actividades delictivas. Las brutalidades que se dieron en el marco de las guerras de Flandes y en la Guerra de los Treinta Años contra la población civil son inenarrables. Por otra parte, las deserciones eran frecuentes; a lo largo de una campaña, una unidad se podía ver reducida al 50% de sus efectivos. Quienes no desertaban tenían tendencia a hacer del ejército una forma de vida, y a reengancharse en campañas sucesivas. Por este motivo, los tercios españoles estaban nutridos de veteranos en el combate, pero también en el pillaje. Este brutal panorama se complementaba con una cotidianeidad escalofriante. Las medidas higiénicas eran inexistentes, la sanidad militar casi no existía, y los barberos arrancamuelas eran también los encargados de cortar brazos y piernas para conjurar las gangrenas. Las columnas militares iban seguidas a menudo por otras civiles con criados de oficiales, esposas, taberneras, prostitutas, pícaras, magos y tahúres, jugadores, etc., que constituían un segundo ejército de ocupación tan temible como el de los soldados. Sin embargo, la tendencia de los estados, a lo largo del siglo XVII y principios del XVIII, fue la de intentar encuadrar la soldadesca en estructuras más controlables, imponiéndose una dura disciplina contra deserciones y saqueos.

De manera compulsiva y en muy pocos años, los ejércitos se fueron haciendo más grandes y a la vez más permanentes y organizados. El rey español Felipe II podía, a finales del siglo XVI, controlar Europa con un ejército de 40 000 combatientes. Para satisfacer la misma aspiración, el rey francés Luis XIV necesitaba, en la segunda mitad del siglo XVII, alrededor de 400 000. La infantería francesa, por ejemplo, creció a un ritmo casi exponencial: en 1598 tenía unos 7 000 efectivos; en 1610 contaba con 32 000; hacia 1640 sumaba entre 100 000 y 200 000; y a principios del siglo XVIII ya tenía 400 000 o 500 000 soldados. Los cambios de escala fueron rápidos e impresionantes. La génesis de los estados modernos en pugna provocó el desarrollo del ejército, el cual se convirtió en un componente y en un constructor de la propia estructura del Estado moderno y autoritario, el cual, por naturaleza, desarrollaba la guerra. Lógicamente no todo el mundo podía competir en estos brutales cambios de escala. Los pequeños estados quedaron fuera de juego, y a mediados del siglo XVII la lucha se singularizó en una pugna entre las grandes casas de Habsburgo y de Borbón, conflicto que no acabaría hasta el final del siglo XVIII. La Guerra de los Treinta Años marcó el inicio de la supremacía francesa, puesto que los ejércitos borbónicos derrotaron rotundamente a los tercios españoles en Rocroi y, definitivamente, en Lens en 1648. A partir de este momento, y hasta el tratado de Ryswick, firmado en 1697, Francia vería el apogeo del poder absolutista en Europa, en detrimento de la dinastía Habsburgo, y particularmente de su rama española, los Austrias: la supremacía de los tercios había pasado a la historia.

Pero, como hemos indicado, los cambios no solamente eran cuantitativos sino también cualitativos. Durante la segunda mitad del XVII, los ejércitos se convirtieron en máquinas más disciplinadas, más controladas y más permanentes. Hacía falta rentabilizar la instrucción y mantener guarniciones en las fortalezas que fueron surgiendo para proteger las fronteras de forma permanente.

Por otra parte, junto a los ejércitos estatales, a sueldo y encuadrados por oficialidad de origen noble, proliferaron las milicias territoriales, que tomaron las fisonomías más diversas según los distintos contextos europeos. Las milicias de un territorio se movilizaban, en caso de peligro y a requerimiento del Estado. En la práctica, la movilización de la milicia podía traer más problemas que soluciones: talleres vacíos, campos abandonados y cientos de desertores a los que se debía perseguir. A menudo, los soberanos preferían pactar con parlamentos, ciudades o nobles una determinada cantidad de dinero a cambio de no convocar a la milicia; con el apoyo económico, el monarca podía contratar soldados profesionales.

FORTIFICANDO FRONTERAS

A principios del siglo XVII, la universidad de Leiden era la que había innovado y teorizado más a fondo sobre desarrollo de fortificaciones. En el entorno de los Países Bajos (Flandes, Valonia, Picardía, Champaña), de España y de Francia, vivían los mejores ingenieros y aprendían constantemente gracias a una dramática experiencia práctica. Este territorio se convirtió, durante siglos, en un campo de batalla permanente. Los españoles contaron con innovadores ingenieros militares, como Sebastián Fernández Medrano, animador y director de la Escuela Militar de Bruselas, consolidada en 1675. Los ingenieros franceses, contrariamente, mantuvieron prácticas más conservadoras durante casi todo el siglo XVII.

ropas españolas durante el asedio de Breda, a mediados del siglo XVII. En la ilustración se aprecian los distintos tipos de tropas: tercios de infantería y regimientos de caballería. Este asedio fue uno de los más importantes de la Guerra de los Treinta Años en Flandes, puesto que las tropas protestantes consiguieron resistir durante diez meses el asedio de Ambrosio de Spínola.

Durante la primera mitad de esa centuria, la traza italiana había generado dos corrientes o tendencias de fortificación. Por una parte, los ingenieros de los Países Bajos, italianos y españoles preconizaban fortificaciones «al exterior», mientras que los franceses preferían las fortificaciones «al interior». El sistema de fortificación al exterior, basado en las experiencias de fortificación y asedio en Flandes, ponía énfasis en la defensa en profundidad. Así, frente a murallas y baluartes iban construyendo toda una serie de fortificaciones complementarias: revellines o medias lunas, contraguardias, falsabragas, etc., que impedían el fuego directo del enemigo contra la fortificación principal. El núcleo quedaba libre de bombardeo, y el enemigo no podía abrir brechas en él. Estas fortificaciones complementarias únicamente estaban planteadas contra el exterior, de tal manera que no tenían parapetos, ni troneras, ni ninguna defensa en su parte posterior; así, en caso de que el enemigo las conquistara, podían ser batidas desde la fortificación principal.

Hasta mediados del siglo XVI, los franceses siguieron las doctrinas de fortificación establecidas por Jean Errand Bar-le-Duc (1554-1610), ingeniero de Enrique IV, que preconizaban una sola línea de fortificación muy compacta y potente, y con diferentes niveles de tiro. Era una concepción más agresiva, que facilitaba concentración de bocas de fuego para destrozar a cualquiera que se acercara a las murallas. En una sola barrera defensiva podía haber casamatas, terraplenes y caballeros (baluartes elevados), todos interactuando más o menos a la vez. De hecho, el sistema era una concepción arcaizante de la traza italiana; la práctica demostró que las defensas en profundidad resultaban más efectivas, y fue Sé-

bastien Le Prestre, señor de Vauban (1633-1707),
quien dio un golpe de timón en la ingeniería francesa en busca de la profundidad.

Vauban, el principal ingeniero de Luís XIV,
fue el gran innovador en la poliorcética francesa;
superó la escolástica de Bar-le-Duc, en favor de
los sistemas de fortificación exterior. A menudo
se ha exagerado sobre la importancia de Vauban,
e incluso se le ha presentado como el mayor reno-
vador de las fortificaciones abaluartadas. En
realidad Vauban fue un buen ingeniero, pero de
hecho no inventó nada nuevo: se limitó a aplicar
y a desarrollar las doctrinas de los ingenieros
españoles y flamencos hasta sus máximos límites.
Siempre que pudo, optó para acumular sucesivamente frente a sus recintos todo tipo de construcciones adelantadas, con el objetivo de impedir
impactos directos contra los recintos principales.
En este sentido, Vauban evolucionó al proponer
sucesivamente tres sistemas de fortificación, cada
uno de ellos más complejo que el anterior. Usó
con inteligencia los diferentes recursos poliorcéticos, y fue capaz de utilizar el terreno a su favor, al
construir de manera congruente con el relieve.
Prueba de ello son las fortalezas fronterizas entre
Francia y el territorio catalán, como Fort Liberia,
situada en Vilafranca de Conflent o Fort Bella-
guarda, en el Pertús. Destacó también en el
perfeccionamiento de los sistemas de asedio, y
concretamente se le imputa la definición del
sistema de tres paralelas para atacar una muralla.
Finalmente, sus aportaciones a nivel estratégico
marcaron la fortificación de las fronteras francesas, que demostrarían su valía en las subsiguientes
guerras.

Los sistemas de ataque a las fortificaciones
abaluartadas durante el siglo XVII no fueron subs-

La ciudadela de Besançon, en Francia, es uno de los diseños más interesantes creados por Vauban. Las obras duraron treinta años, y fueron acabadas poco antes de la Guerra de Sucesión Española. La ciudadela, erigida en lo alto de una colina y franqueada por el río Doubs, aprovecha la geografía de la zona.

tancialmente diferentes de los que ya se ensayaban en el siglo anterior. En esencia, consistían en abrir brecha en las murallas mediante el fuego de la artillería, aproximar las fuerzas de ataque a partir de un sistema de trincheras desenfiladas y realizar el asalto en masa cuando la brecha resultaba practicable. Sin embargo, el perfeccionamiento de las defensas comportó una preparación más laboriosa de los ataques, lo que finalmente se denominó *asedio en las formas*. Las experiencias de las guerras de Flandes provocaron que tanto los españoles de la escuela de Medrano como Vauban elaboraran teorías sobre la expugnación a partir del ataque con paralelas, sofisticación máxima del ataque con trincheras y que los franceses ensayaron con éxito durante el asedio de Maastricht en 1673.

Había diferentes maneras de tomar una ciudad; algunas clásicas e intemporales, como era la rendición por hambre o la movilización de una quinta columna interior. Durante el siglo XVII y a principios del XVIII, el asedio y ataque a una ciudad fortificada, plaza fuerte o fortaleza seguía unos pasos canónicos. Si se quería rendir la ciudad por hambre o bloqueo, se intentaba su aislamiento siguiendo el método de circunvalación, empleado desde los tiempos de Alejandro Magno (siglo IV a.C.), que consistía en trazar una línea fortificada rodeando la ciudad o fortaleza. Así, se constituía el cordón de asedio que usualmente se planteaba a una distancia de unos 1 000 o 2 000 m del recinto amurallado, más allá del alcance efectivo de la artillería. La línea contaba con secciones rectas y proyecciones triangulares o pentagonales, como si fueran baluartes, para facilitar el tiro en enfilada. Los parapetos que coronaban el terraplén se construían con cilindros de mimbre de grandes dimensiones, que una vez rellenados con tierra constituían una defensa provisional excelente. A lo largo del cordón de asedio se establecían fortines y campamentos. El cordón impedía que nadie entrara ni saliera de la ciudad o fortaleza, que quedaba bloqueada. Los sitiadores podían esperar una rendición por hambre o sed, o bien podían optar por el asalto. Los españoles a menudo practicaban la técnica de «refrenar»: establecían un cordón y fijaban fortines de asedio muy protegidos, en los cuales dejaban guarniciones reducidas, que no implicaran costes de mantenimiento. Entonces esperaban el derrumbe de los defensores; a menudo podía darse la paradoja de que con fuerzas escasas podían refrenar fuerzas contrarias importantes, que quedaban atrapadas dentro de la ciudad y que si querían salir habían de atacar los fortines de asedio.

Si la ciudad aislada no se rendía, se podía intentar asaltarla; para ello se avanzaba paulatinamente hasta el pie de la muralla mediante trincheras paralelas y se colocaban baterías cada vez más cercanas. Se derruían a cañonazos y minas las murallas enemigas, atacando después por las brechas abiertas.

Dada la densa red de fortificaciones que se estableció por toda Europa, a finales del siglo XVII la mayoría de grandes combates fueron asedios a fortalezas y ciudades, puesto que difícilmente una batalla campal podía ser decisiva si a pocos kilómetros el vencedor era frenado por las fortalezas enemigas. Esta forma de hacer la guerra comportó numerosos cambios a nivel logístico, puesto que cada vez más fue necesaria una planificación cuidadosa y completa de las campañas militares, perfeccionándose todo el sistema en el transcurso del siglo XVIII.

Considerada muchas veces la obra cumbre del ingeniero francés, las fortificaciones vaubanianas de Neuf Brisach tienen una simetría casi perfecta. En la fotografía, se muestra el foso al pie de la muralla, entre esta y las defensas exteriores de la fortaleza (AXH).

3

La era del fusil
(1697 - 1789)

Durante la segunda mitad del siglo XVII, se produjeron nuevos cambios en cuanto al armamento y a las tácticas militares que afectaron, principalmente, a la infantería. Al finalizar la Guerra de los Nueve Años en 1697, en la que Francia consiguió hacer frente al resto de grandes potencias europeas, comenzó un nuevo periodo caracterizado por la hegemonía del fusil y sus exigencias tácticas. Este ciclo se cerró en 1789 con la Revolución Francesa, que generaría nuevas formas organizativas.

A finales del siglo XVII, los mosquetes se fueron estilizando, dando paso al fusil, un arma más ligera, con una longitud de 170 cm y un peso cercano a los 5 kg. El calibre rondaba los 18 mm, con variaciones según fabricantes y países. El nombre del artefacto no tiene un origen claro, pero según parece deriva del italiano *fuçile* (piedra). En principio, el fusil no estaba asociado a ningún tipo de mecanismo de disparo. Durante un tiempo se mantuvieron, para disparar, sistemas de mecha. Finalmente, el fusil se asoció a llaves con piedra de sílex, y de ahí su nombre. Estas producían chispas que provocaban la ignición cuando la piedra golpeaba una batería de hierro. Le Bourgeoys, un mecánico francés, había diseñado en 1630 la llave de sílex a la francesa, aprovechando la experiencia de otros modelos como la «chanepan» de los Países Bajos o la miquelet catalana. Conceptualmente se parecía a la platina miquelet, radicando sus diferencias en que la mayoría de los mecanismos y resortes se situaban en el interior de la placa. En el exterior, la llave a la francesa solo colocaba el pie de gato, que era la pieza percusora que sostenía el sílex, y la cazoleta de pólvora de encendido con su batería. Al igual que la llave miquelet, la de sílex tampoco tuvo una aplicación automática en el sector militar. Los ingleses adoptaron el fusil con platina de sílex como arma básica de la infantería, a partir de 1688. Los franceses lo hicieron algunos años más tarde.

El fusil francés de finales del XVII, precursor del tipo Charleville, medía 160 cm, pesaba 4 580 g y tenía un calibre de 17,5 mm. Sin embargo, la desconfianza francesa respecto a la llave de sílex se prolongó durante bastante tiempo. En 1701, Vauban diseñó un fusil-mosquete con dos llaves, una de sílex y otra de mecha.

A pesar de todo, el fusil acabó por imponerse, y la mayor parte de los países europeos lo adoptaron con llave de sílex incluida. El fusil con llave de sílex revolucionó las formas de guerrear. Era mucho más ligero que el mosquete y tenía prestaciones superiores. El alcance eficaz del arma podía rozar los 200 m, manteniendo cierta precisión hasta los 100. Un fusilero bien entrenado podía efectuar tres disparos por minuto. Cada veinte o treinta disparos había que cambiar el sílex y limpiar a fondo el ánima del cañón. Hasta casi finales del XVII, y ya empleando fusiles, numerosas unidades continuaron usando el tahalí denominado «de los doce apóstoles». Sin embargo, el cartucho de papel, con la bala y la cantidad justa de pólvora, se impuso pronto. Con él se popularizó la cartuchera, una cartera de piel que contenía hasta veinte alvéolos para cartuchos. La operación de carga del fusil era más rápida que la del mosquete. El soldado aguantaba el arma con la mano izquierda y el antebrazo en posición horizontal. Tomaba un cartucho y rasgaba el extremo sin bala con los dientes. Depositaba un poco de pólvora en la cazoleta y la cerraba. Esta operación se estandarizó a mediados del XVIII, ya que hasta entonces, y en muchos países, la pólvora se ponía en la cazoleta directamente a partir de un pequeño frasco con pólvora fina. En general la pólvora de los cartuchos era excesivamente gruesa, y no facilitaba un encendido óptimo. A continuación, el fusil se colocaba en posición vertical y se derramaba el resto de la pólvora del cartucho en el interior del cañón. Seguidamente, situaba la bala con el papel y se utilizaba la baqueta para compactar el conjunto. Por último, la baqueta se empotraba en un canal existente a la parte baja de la caja del fusil.

Las buenas prestaciones de los fusiles se optimizaron con el uso de la bayoneta. Según algunas tradiciones, el instrumento se inventó en un ataque contra Bayona, a mediados del siglo XVII cuando los defensores, acabadas las municiones, ataron cuchillos en la punta de los mosquetes. Pero es probable que la denominación derive del latín *baynata*, la vaina o «beineta» en la cual se enfun-

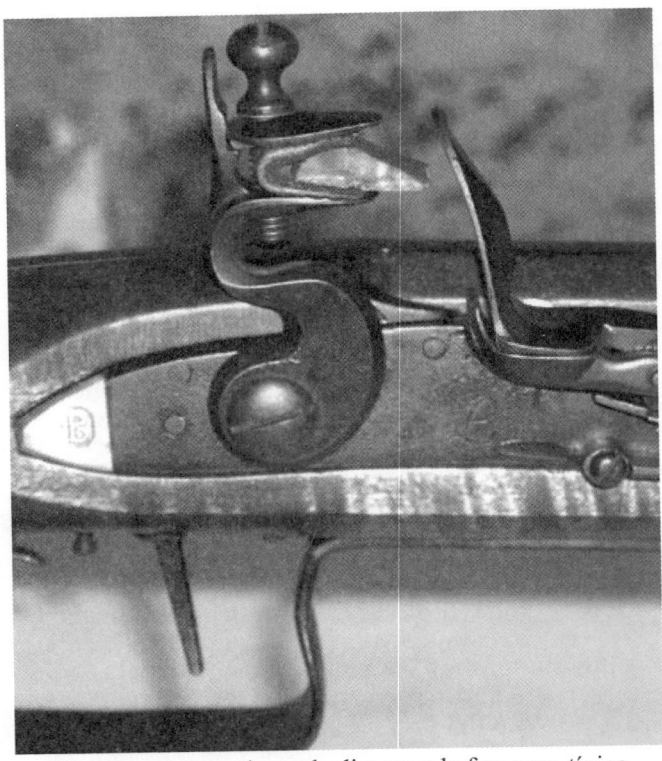

Platina con mecanismo de disparo a la francesa, típico
de los fusiles del siglo XVIII y primera mitad del XIX.
Al ser disparada el arma, el pie de gato impulsa la piedra
de sílex, que impacta contra la batería. Esto hace que la
batería se levante, mostrando la cazoleta; al mismo tiempo
el sílex produce chispas al chocar contra el metal
de la batería, iniciando la ignición de la pólvora
de la cazoleta y la transmisión del fuego a la carga de
pólvora colocada en el interior del tubo.

daban las armas blancas pequeñas. Parece que los franceses empezaron a utilizar este instrumento en 1642 en las campañas de Flandes. Las primeras bayonetas eran cortas y con una hoja relativamente ancha. Se empotraban directamente en el tubo del fusil; que no se podía disparar con la bayoneta puesta. Este inconveniente se solucionó con la denominada bayoneta de cubo, inventada hacia 1691, que fijaba el arma blanca en el exterior del cañón para posibilitar el disparo. Su implantación fue relativamente rápida, ya que aunque al inicio de la Guerra de Sucesión Española (1701-1714) había todavía unidades sin bayoneta, al acabar el conflicto su uso estaba absolutamente generalizado. La bayoneta de cubo permitía disparar y acto seguido arremeter contra el enemigo, y en este sentido fue una innovación extraordinaria. Provocó la eliminación de piqueros y mosqueteros, que quedaron unificados en un solo tipo de soldado convertido a la vez en fusilero y piquero, ya que el fusil se convertía en pica cuando se le añadía la bayoneta. Aunque más cortos que las picas, los fusiles con bayoneta dispuestos en formación tenían un efecto disuasorio contra las cargas de infantería y caballería.

Los nuevos fusiles con bayoneta revolucionaron la organización de la infantería. La tendencia fue desplegar las unidades en largas formaciones de tres o cuatro líneas. De esta manera, se podía aprovechar al máximo la potencia de fuego de la unidad: había nacido la infantería de línea, así llamada porque combatía en líneas.

Otro de los artefactos sistematizados en la segunda mitad del XVII fue la granada. Se trataba de una pequeña esfera de cristal, cerámica o metal llena de pólvora y metralla, que se detonaba a partir de una mecha. El granadero encendía el artefacto y, con la mano, tiraba el proyectil contra el enemigo. La granada explotaba antes o después en función de la cantidad de mecha. Esta nueva arma se reveló terrible en los asaltos a fortificaciones y en las distancias cortas. Su éxito fue inmediato. Los ingleses comenzaron a preparar compañías de granaderos como tropas de choque, y su ejemplo fue seguido en otros estados europeos. Pero estos artefactos podían ser muy peligrosos tanto para atacantes como defensores. Su uso nunca fue demasiado entusiasta, pero los granaderos, con o sin granadas, se convirtieron en compañías de elite, las que agrupaban a los soldados más corpulentos, fuertes y aguerridos.

El equipo del soldado de infantería también cambió; el amplio sombrero de alas se fue reduciendo hasta configurar lo que serían los tricornios. Los granaderos, a su vez, cubrieron sus cabezas con altas mitras o birretes más prácticos para tirar las granadas con la mano, sin riesgo de topar con el ala o picos del sombrero. Los soldados llevaban el fusil con una correa para colgarlo en la espalda, un tahalí para la espada, un cinturón con la bayoneta y una cartuchera para la munición (lo que los franceses acabarían denominando «giberna»), y a veces una pequeña polvorera para cebar la cazoleta del fusil. La camisa, calzas y medias componían la ropa interior. Sobre ellas se ponía la chupa de lana y las polainas abotonadas llamadas también botines. Finalmente, sobre la chupa se disponía una amplia y gruesa casaca de lana. El tricornio en la cabeza, y un pañuelo al cuello completaban el atuendo. Este pañuelo, originariamente usado por los soldados croatas en el siglo XVII, acabó denominándose corbata (del italiano *cravatta*), teniendo también aplicación en la indumentaria civil.

Granadero del siglo XVIII. Los granaderos eran las tropas de
élite de este periodo y reunían a los soldados
más corpulentos, altos y veteranos. En la ilustración, el
granadero está avivando la llama de la mecha para encender
la granada que lanzará contra los enemigos. Como se ve,
su atuendo es diferente del que lleva el soldado de línea;
destaca la mitra en la cabeza, que le hace parecer más alto,
la bolsa con las granadas, y el pequeño sable curvado típico
de estas tropas, en lugar de la tradicional espada.

Infantería norteamericana del ejército continental que, entre
otros comandantes independentistas, lideró George
Washington. El de la izquierda es un suboficial, y los otros
tres son soldados de línea armados con fusil y bayoneta.
La revolución norteamericana, y su correlato bélico, la
llamada Guerra de la Independencia estadounidense, vio
cambios importantes en las tácticas de finales del XVIII, dado
que hubo un auge muy importante en el uso de tropas ligeras,
que luchaban de manera dispersa
en lugar de concentrarse en líneas.

La casaca era la prenda principal, tanto en invierno como en verano. Al ser gruesa amortiguaba los golpes y la lana ignífuga protegía posibles incendios de ropa provocados por las chispas de las descargas o la ignición de las cazoletas. Protegía del frío y de la lluvia, y se utilizaba a manera de manta por las noches. También era útil la casaca en caso de altas temperaturas, ya que la lana actuaba como aislante térmico. En este periodo se consolidaron definitivamente los uniformes definidos principalmente por el color de fondo de la casaca, que contrastaba con la divisa, que era el color de las bocamangas, el cuello y el forro. La combinación de color y divisa servía para identificar unidades y nacionalidades, y ya durante la Guerra de Sucesión Española los regimientos borbónicos de Francia y España utilizaron preferentemente un fondo de color blanco o gris; los austríacos también optaron por el blanco; en los regimientos ingleses dominó el rojo; entre los rusos, el verde que también adoptaron los portugueses; en los prusianos el azul; y en los de la Corona de Aragón, que dieron apoyo al pretendiente Carlos en lugar de a Felipe de Anjou, el azul oscuro y el grana. El uniforme se complementaba con unos zapatos recios de cuero, con tres pisos de suela. Normalmente se utilizaba la misma horma tanto para el pie derecho como para el izquierdo para facilitar la producción masiva. Cuando se estropeaban los zapatos se utilizaban abarcas o alpargatas, o los calzados nacionales propios del territorio. Desde mediados del siglo XVII, las largas pipas con cazoleta de cerámica formaron parte del equipo de los soldados, que pasaban largas horas consumiendo tabaco.

Hacia la mitad del siglo XVIII, las cosas empezaron a cambiar. Las casacas se hicieron más

cortas, y los faldones llevaban botones para facilitar la marcha. Se generalizó el uso de mochilas
para el equipo individual que permitían transportar una pequeña manta o capote en la parte superior. La cartuchera ventral se estilizó. Se elaboró
pólvora más fina y el frasco de pólvora desapare-
ció, ya que con la misma pólvora del cartucho se
podía preparar la cazoleta.

La caballería también conoció cambios en el
siglo XVIII. Los coraceros redujeron al mínimo, o
incluso eliminaron, las protecciones metálicas. Los
antiguos arcabuceros a caballo se convirtieron en
caballería convencional, y los dragones continuaron su función de infantería montada. En algunos
países como Inglaterra comandantes como John
Churchill, duque de Marlborough y comandante de
los ejércitos aliados en la Guerra de Sucesión
Española, optaron por devolver a la caballería su
valor supremo: la velocidad y el impacto de la
carga con espada. Por otra parte, el jinete disponía
de una notable potencia de fuego. Llevaba en
bandolera una carabina, de hecho un fusil corto.
También alineaban, en la parte delantera de la silla,
dos pistolas largas llamadas de arzón. Disponían,
pues, de tres armas de fuego y una espada o un
sable, lo cual unido a la velocidad les otorgaba una
características temibles como fuerza ofensiva.

A lo largo del siglo XVIII, se consolidaron las
fuerzas de infantería ligera, o de fusileros de
montaña, a partir de las experiencias de los miqueletes y de la infantería croata. Se trataba de fuerzas de elite aptas para luchar desplegadas en guerrilla y en zonas montañosas. Acostumbraban a
ejercer de exploradores y vanguardia. También
cubrían las retiradas y ejecutaban emboscadas y
golpes de mano. Las Coronas española y francesa
levantaron y financiaron compañías o bandas de

miqueletes catalanes para sostener sus campañas. A su vez, los austríacos recurrieron a los montañeses croatas, aunque también utilizaron mercenarios catalanes. Su armamento comprendía una escopeta más ligera y de menor calibre que el fusil, un par de pistolas, cuchillo o bayoneta. Las tres armas de fuego les conferían precisión y potencia, y solían tener, además, una buena puntería. A mediados del siglo XVIII, estas fuerzas se convirtieron en regimientos de infantería ligera, que tendrían continuidad durante el siglo XIX en los regimientos de infantería ligera españoles, *voltigeurs* franceses, cazadores austríacos, *green jackets* ingleses y similares.

ARTILLEROS E INGENIEROS

A principios del siglo XVIII, la fundición de cañones de hierro estaba ya perfectamente desarrollada en Europa, de tal manera que las piezas podían ser de hierro o de bronce. En ambos casos, las piezas podían montarse sobre carretones, como la denominada cureña española, aptos solamente para pequeños desplazamientos por las cubiertas de los barcos o los terraplenes de las fortalezas. La incorporación masiva de piezas de hierro supuso un factor fundamental a la hora de decidir las supremacías militares de la época. La capacidad de los altos hornos ingleses, así como la calidad de su carbón y hierro, no fue ajena a la hegemonía naval inglesa de finales del XVII y del XVIII, garantizada por marinos expertos y mandos eficientes, pero también por una artillería superior en calidad y cantidad a la que alineaban otras marinas.

A principios del XVIII, la tipología de piezas se reducía básicamente a dos: cañones y morteros.

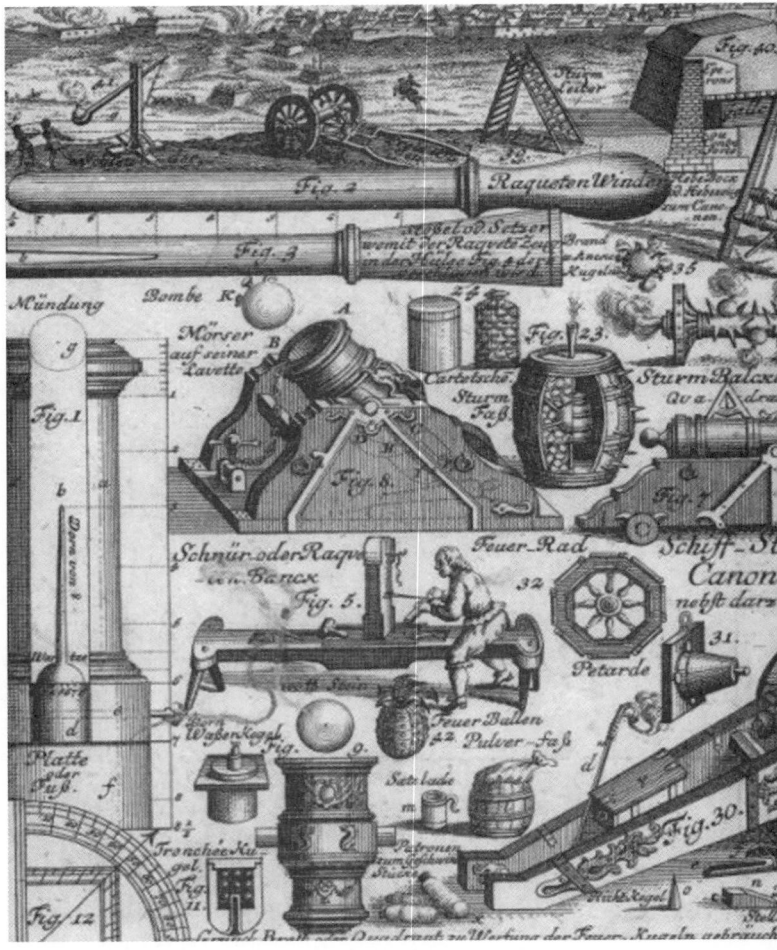

Elementos usados en el asedio y asalto
a fortificaciones. Destacan las herramientas para el cálculo
matemático de trayectorias y ángulos, así como los métodos
de fundición de proyectiles y cañones.

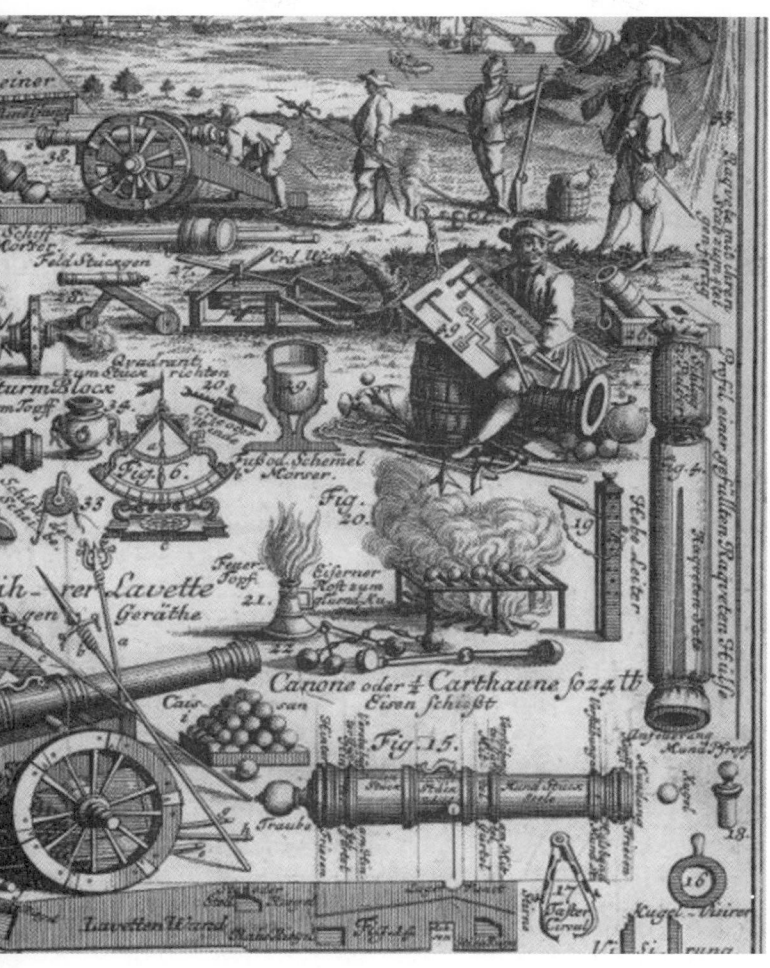

Los cañones eran tubos largos, de hierro o bronce, dotados de muñones o pivotes para facilitar el encaje con las cureñas. Los de bronce, utilizados en campaña, disponían de dos asas en la parte superior. Como en el siglo anterior, podían disparar balas esféricas rígidas de hierro, y también botes de metralla. Aunque habían aumentado su alcance gracias a las mejoras en la fundición del metal, seguían siendo efectivos a distancias cortas, y para derruir una muralla debían disparar a menos de 500 m. El modo de utilizarlos era el habitual en los ingenios artilleros, encendiendo una pequeña cantidad pólvora en el oído, que transmitía la ignición a la pólvora del interior del cañón. La gran mejora de la época fue la mayor ligereza de cureñas y cañones, que permitió acarrear cada vez un mayor número de baterías artilleras al campo de batalla.

Los morteros eran artefactos mucho más complejos. Consistían en un tubo muy corto de boca muy ancha que reposaba sobre una cureña sin ruedas. Eran artefactos pesados y difíciles de mover. En el fondo del tubo, había una cavidad prolongada más estrecha, la recámara, allí se colocaba la pólvora que provocaba la deflagración que expulsaba el proyectil. Esta recámara, como en el caso de los cañones, comunicaba con el exterior mediante el oído. En el tramo ancho del conducto interior del tubo, se ubicaba un proyectil llamado granada o bomba, que quedaba enrasado con la boca del tubo. El mortero no disparaba balas rígidas. Las bombas eran grandes esferas de hierro, vacías en su interior y que se rellenaban con pólvora y metralla. Disponían de un brocal donde se colocaba la mecha. Algunas de ellas, sobre todo las francesas, se fabricaban con asas para facilitar el transporte. El mortero disparaba en tiro parabó-

lico, y podía alcanzar distancias superiores al kiló-
metro. El disparo de la pieza requería dos fases:
primero se encendía la mecha de la bomba y
después se disparaba el mortero. La bomba salía
encendida y explotaba en el aire o en tierra, según
la temporización de la mecha. Los morteros pesados se empleaban en las guerras de posiciones y
en los asedios. Eran especialmente útiles para
destruir conjuntos urbanos. El tiro parabólico
sorteaba las murallas y las bombas hacían estragos
al atravesar tejados, caer y explotar. Tales características los hacían especialmente útiles para atacar
el interior de las fortificaciones. Mientras los
cañones batían las murallas, los morteros tritura-
ban las tropas del interior.

Ya a mediados del siglo XVIII, se generalizó el
uso de nuevas piezas, los denominados obuses.
Eran cañones cortos de gran calibre, montados
sobre cureñas con ruedas, que disparaban bombas
o granadas, como el mortero. El calibre era inferior al del mortero, la longitud del tubo superior.
Por esta razón las bombas, que se insertaban totalmente en el tubo, tenían un brocal mínimo que
prácticamente no sobresalía de la esfera, a fin de
facilitar la trayectoria del proyectil por el ánima
de la pieza.

Con respecto a los calibres o anchuras de
boca de las piezas, todos los ejércitos del siglo
XVIII utilizaban medidas similares, herencia de las
tradiciones bélicas de los siglos XVI y XVII. Los
cañones de calibre mayor eran los de treinta y seis
libras, con una anchura de boca de unos 17 cm. El
tubo de este rey de los cañones podía alcanzar los
4 200 kg de peso. Eran mucho más comunes los
cañones pesados de veinticuatro libras, con una
anchura de boca de 15 cm. La longitud del tubo se

Cañón pesado de veinticuatro libras, usado en baterías costeras y buques. En la guerra naval, estos cañones podían causar una gran devastación en las cubiertas enemigas, disparando tanto proyectiles esféricos como metralla, así como balas de hierro con ganchos para destrozar las velas del barco enemigo, imposibilitando así su movimiento (AXH).

acercaba a los 330 cm, y el artefacto podía pesar hasta 3 200 kg.

En orden descendente había cañones de dieciséis, doce, ocho y cuatro libras. Los morteros tenían calibres de 15,5, 23 y 30,5 cm, y los pedreros de 38 cm.

Mover y situar un tren de artillería de asedio ante una fortificación podía suponer un esfuerzo inmenso. El número de grandes piezas era limitado en un determinado ejército y, a veces, los artefactos debían trasladarse a decenas o centenares de kilómetros. La marcha de los pesados cañones implicaba la utilización de cientos de artilleros y caballerías que desarrollaban una marcha forzosamente lenta. Tiros de mulas y bueyes sorteaban todo tipo de terrenos durante semanas o meses hasta conseguir emplazar las piezas del tren de artillería, con su pólvora y munición frente a la fortificación asediada. Ubicar los cañones en posición y empezar a batir murallas era la acción final, pero no necesariamente más complicada que determinados transportes.

La tecnología, determinante en la mejora de las armas de fuego a finales del siglo XVII y principios del XVIII, proporcionó innovaciones escasas en cuanto a fortificación. A principios del siglo XVIII, se habían impuesto definitivamente los criterios de fortificación en profundidad que los ingenieros de los Países Bajos habían preconizado. Siguiendo este criterio, frente a murallas y baluartes se iban construyendo fortificaciones complementarias. A principios del siglo XVIII, las fortalezas complejas con distintas líneas de fortificación exterior estaban plenamente aceptadas y consolidadas, aunque lógicamente había muchas fortificaciones anteriores pendientes de reajustes.

REGIMIENTOS Y FORTALEZAS

A finales del siglo XVII, España había dejado de ser la primera gran potencia militar europea, y la Francia de Luis XIV se revelaba como la fuerza emergente. En 1693, cada uno de los tercios españoles de Carlos II, las unidades que habían protagonizado las batallas de los siglos XVI y XVII, contaban con 1 000 combatientes, divididos en 15 compañías de 66 soldados cada una. En 1694, las ordenanzas españolas todavía marcaban que, en cada compañía, debía haber una tercera parte de piqueros, una de mosqueteros y una de arcabuceros; una propuesta arcaizante que no tenía en cuenta los importantes cambios que se estaban operando en Europa. En el contexto de la Guerra de Sucesión española, el gran conflicto mundial de principios del XVIII, se unificaron definitivamente las estructuras organizativas de los ejércitos europeos. Todos los países reorganizaron sus unidades militares a partir de regimientos divididos en batallones y compañías.

Felipe V, el primer monarca Borbón en el trono español, reorganizó su infantería y adoptó definitivamente el fusil con bayoneta. También impuso el uniforme a la francesa, con casaca y tricornio. El 1708, asignó el color blanco a todas las casacas, y los regimientos pasaron a distinguirse por el color de divisa, visible en los puños, cuellos y forros de las casacas. Al empezar el reinado, los tercios pasaron a componerse de un solo batallón de trece compañías primero y doce después, una de las cuales era de granaderos. Cada compañía contaba con un capitán, un teniente, un alférez, dos sargentos, seis cabos y treinta y nueve soldados. El 1707, la denominación española de tercio se cambió por la europea de regimiento, compuesto generalmente de dos batallones. La caballería también se reorganizó en regimientos, formados por doce compañías que disponían de un capitán, un teniente, un corneta portaestandarte, un sargento, dos brigadieres, tres carabineros, veinticinco soldados y un trompeta. Los regimientos de caballería solían dividirse, a su vez, en dos escuadrones.

Los ejércitos imperiales y austríacos, así como sus aliados ingleses y holandeses, también mantuvieron formas organizativas regimentales, con batallones y compañías. En general, el número de batallones y de compañías por regimiento no cumplía exactamente lo indicado en las ordenanzas de cada país. En el momento del reclutamiento había una cantidad de soldados que podía disminuir por bajas o deserciones. Por otra parte, los oficiales acostumbraban a falsear los datos y se negaban a reconocer bajas, ya que así podían cobrar y administrar los sueldos de toda la tropa.

Normalmente, un regimiento de infantería contaba con nueve, diez u once compañías de fusileros y una de granaderos; en cada compañía había unos cien soldados. Las compañías podían agruparse formando dos batallones por regimiento.

El regimiento de doce compañías contaba con un coronel, un teniente coronel, un sargento mayor, dos ayudantes, un furriel mayor, un cura (en tropas católicas), un auditor, un tambor mayor, un carcelero con dos ayudantes, doce capitanes, doce tenientes, doce alféreces, veintidós sargentos, once furrieles, cuarenta y cuatro cabos, veintidós tambores y novecientos cincuenta soldados. Los regimientos de caballería contaban con un coronel, un teniente coronel, un sargento mayor, un auditor, un cura, diez capitanes, diez tenientes y cuatrocientos setenta soldados. Agrupaban diez compañías de unos cincuenta jinetes. El regimiento de caballería se dividía en dos escuadrones de cinco compañías. La composición de un regimiento de dragones era muy similar: cuatrocientos setenta soldados en diez compañías. Durante todo el periodo la artillería se dividía en baterías, es decir, conjuntos de cuatro o cinco cañones junto con sus servidores. A mediados del siglo XVIII se inició su agrupación organizativa en regimientos, pero en el campo de batalla seguía desplegándose del mismo modo que en las décadas anteriores. Los minadores, encargados de los morteros, constituían una categoría propia. En algunos ejércitos, los ingenieros estaban homologados a la artillería, en otros constituían un cuerpo de oficiales de elite que contaba simplemente con el apoyo de zapadores especializados e incluso elementos civiles. A menudo los ingenieros, técnicos muy especializados, se utilizaron para promocionar todo tipo de obras públicas, religiosas o civiles: construcción de carreteras, barrios, ciudades y puertos.

El rígido encuadre en regimientos era una de las facetas de la reorganización de los nuevos ejércitos, pero había otros indicadores que marcaban el cambio. Las monarquías tendieron a crear ejércitos más permanentes, normativizados y controlados. Los uniformes y las banderas regimentales se generalizaron para dar cohesión y espíritu de cuerpo a las unidades. El orden cerrado y la maniobra de fusileros se convirtieron en la técnica fundamental. En el contexto de sistematización y potenciación de la disciplina del orden cerrado, la música militar fue en ascenso. Pífanos y tambores para la infantería y trompetas para la caballería continuaron usándose para la transmisión de órdenes. Además aparecieron bandas militares y composiciones musicales, absolutamente espectaculares en algunos casos.

En cuanto a las tácticas sobre el campo de batalla, los batallones se desplegaban generalmente en cuatro líneas de infantes. Cuando el enemigo se acercaba, la primera línea podía poner la rodilla a tierra y las siguientes dos líneas procedían a disparar por encima de la primera. Con esta opción casi todos los soldados de una compañía, batallón o regimiento podían disparar a la vez, o sucesivamente. Los ingleses todavía fueron más audaces y acabaron formando en tres líneas. Procuraban disparar por pelotones: grupos de hasta cincuenta soldados tiraban a la vez; después lo hacían los de al lado y así mantenían un ritmo de fuego vivo e incesante. Con el tiempo, el sistema inglés se impuso en toda Europa, dadas las repetidas victorias que el duque de Marlborough obtuvo con él en Flandes y Centroeuropa, como por ejemplo en Blenheim, en 1704; Rami-

*El paso del río Schellenberg por el duque de Marlborough,
durante la campaña de 1704* (grabado de De Vos, s.XVIII,
Blenheim Palace, Woodstock, Inglaterra). La victoria en este
enfrentamiento permitió al comandante inglés franquear el
Danubio, uniéndose al resto de tropas aliadas, y derrotar
finalmente al ejército francés en Blenheim.

llies, dos años después; y Oudenaarde, en 1708;
todas ellas en el contexto de la Guerra de Sucesión
española en su fase continental.

Esta infantería que luchaba en líneas se denominó como no podía ser de otra forma «infantería
de línea», y esta manera de combatir se perpetuó,
durante decenios, hasta la segunda mitad del siglo
XIX. La infantería de línea pasó a ser cuantitativa-
mente y cualitativamente la componente fundamental de cualquier ejército. Para optimizar el
nuevo sistema, los soldados necesitaron más instrucción y coordinación que en los periodos anteriores.

Los soldados combatían de pie porque era la
única manera que tenían de recargar el fusil de
manera mínimamente cómoda. Por otra parte, el
alcance efectivo de los disparos de fusil no iba
más allá de los 150 m, y en la práctica disparar a
más de 90 m era perder el tiempo. La puntería
también era deficitaria. Las balas rebotaban por el

La batalla de Lexington, que tuvo lugar en 1775 durante la
Guerra de la Independencia estadounidense, fue el primer gran
enfrentamiento del conflicto y marcó el tipo de combates
de la mayor parte del mismo, con pequeños ejércitos en los
cuales la milicia formaba buena parte de los contingentes,
especialmente en el bando norteamericano.

interior de cañón y salían con una trayectoria de difícil predicción. Pero una descarga masiva, de muchas armas a la vez, y a corta distancia, podía tener efectos letales, incapacitando a parte de los contrarios y provocando el pánico a los compañeros de estos.

La cadencia de fuego era lenta, entre dos disparos por minuto y tres disparos cada dos minutos. Los combates entre tropas de infantería adquirieron cierta complejidad, y los oficiales tenían que calcular muy bien cuándo daban la orden de disparar. Normalmente, los atacantes avanzaban a paso rápido, al ritmo que marcaban los tambores, intentado mantener la formación y las líneas. Para ello, Federico II el Grande de Prusia inventó el paso militar, puesto que de esta manera era mucho más fácil coordinar el movimiento de las tropas. Los soldados no corrían, debían reservar fuerzas para los últimos momentos del enfrentamiento o para la retirada.

Los oficiales y suboficiales debían estar atentos e impedir que los soldados flaquearan. Las reacciones de pánico y las desbandadas eran frecuentes, tanto en defensa como en ataque. Los soldados que caían por las descargas o proyectiles de artillería del enemigo eran substituidos desde las filas adyacentes o desde las líneas traseras. Las balas rígidas de la artillería podían tener efectos devastadores segando filas enteras de soldados, con la particularidad que las balas, que salían del cañón a una velocidad relativamente lenta, se veían venir. Cuando los atacantes estaban a poca distancia del enemigo, podían parar y disparar una descarga, y a continuación podían arremeter a la bayoneta contra los defensores. No tenían tiempo de pararse a recargar, ya que, caso de hacerlo, podía facilitar que los defensores les enviaran descargas adicionales.

Lógicamente, los defensores no se estaban quietos y también realizaban sus cálculos. Normalmente no disparaban cuando los atacantes estaban demasiado lejos. Si los oficiales controlaban los nervios, esperaban a que el enemigo se acercara al menos a 100 m. Entonces ordenaban abrir fuego al unísono intentando diezmar a los atacantes. El humo de la descarga creaba automáticamente una neblina que ocultaba parcialmente a los defensores. Esto era positivo, ya que si los atacantes paraban a disparar perdían precisión a causa de la cortina de humo. Después de la descarga, los defensores procedían a recargar frenéticamente. Si lo hacían rápido, podían realizar una nueva andanada a bocajarro cuando el enemigo estaba ya muy cerca, y si les infringían pérdidas podían arremeter a la bayoneta contra los atacantes. Técnicamente, la secuencia era posible: si los atacantes marchaban a un paso rápido de 10 km/h, para cubrir los últimos 100 m necesitaban casi un minuto. En este tiempo, los defensores podían recargar y volver a disparar. Decidir cuándo y cómo se disparaba era pues muy importante. Ciertamente la letalidad de los fusiles era escasa, pero a corta distancia una descarga masiva podía tener, como hemos señalado, efectos terribles. De hecho, hubo batallas que se ganaron o perdieron en una sola descarga. Por otra parte, raramente se llegaba a enfrentamientos extremos a la bayoneta. Lo usual era que uno de los dos contendientes se retirara o desbandara frente a la decisión o apariencia del contrario.

Igualmente, las líneas de soldados con fusil y bayoneta resultaban disuasorias para la caballería. Los caballos se negaban a lanzarse contra las

Asalto final prusiano en la batalla de Leuthen, 1757. Leuthen fue la gran victoria de Federico el Grande durante la Guerra de los Siete Años, aplastando a un ejército austríaco con el doble de efectivos. Federico engañó al comandante austríaco Carlos de Lorena, concentrando todo su ejército contra uno de los flancos enemigos. El poder combinado de los cañones, la caballería y especialmente la excelente infantería prusiana destrozó las líneas del ejército austríaco.

centelleantes puntas de las bayonetas. Las filas de soldados disparando contra los caballos y manteniendo los fusiles como lanzas no eran fáciles de romper. La caballería, armada con sable recto, dos pistolas y carabina, no experimentó cambios sustanciales a lo largo del siglo XVIII. Las tropas de caballería se complementaban con los coraceros que, en general, habían perdido sus armaduras pectorales. Los dragones, como en el XVII, eran soldados de infantería con fusiles que se desplazaban a caballo, aunque contaban también con armamento adicional: dos pistolas largas y sable. Se revelaron como fuerzas muy útiles y versátiles en las más diversas casuísticas, capaces de internarse en territorio enemigo y combatir a pie o a caballo en los más diversos terrenos. También aparecieron unidades de caballería ligera, como los húsares armados con carabina y pistolas, pero con un sable curvo liviano.

En cuanto a la logística, en general era organizada por transportistas civiles, incidiendo la baja coordinación con los ejércitos en la lentitud de las marchas. Por otra parte, se sustituyeron los bueyes de tiro tradicionales por mulas o caballos, razón por la cual ahora la artillería de campaña se podía desplazar casi al mismo ritmo que el conjunto del ejército y desplegarse con rapidez en el campo de batalla. La suma de cambios incidió en la concepción y manera de hacer la guerra.

De su lado, los sistemas de ataque a las fortificaciones abaluartadas durante el siglo XVIII no fueron sustancialmente diferentes de los del XVII. En esencia, consistían en abrir brecha en las murallas mediante fuego de artillería, aproximar las fuerzas de asedio a partir de un sistema de trincheras desenfiladas, y realizar un asalto en masa cuando la brecha fuera practicable.

Entrada en Barcelona por el Portal Nou.
Panorámica del asalto borbónico a Barcelona, 11 de
septiembre del 1714. Se puede observar en este grabado el
estado de las murallas y casas de Barcelona después de un
año de continuados bombardeos. La artillería borbónica
abrió grandes brechas en las murallas por las que la
infantería entró prácticamente en formación.

Sin embargo el perfeccionamiento de las
defensas implicó preparaciones más laboriosas de
los ataques, perfeccionándose el sistema de las
tres paralelas. Estas paralelas eran anchas y estaban concebidas como plazas de armas, ya que en
ellas debían concentrarse una gran cantidad de
combatientes para los asaltos finales. Las tres
paralelas estabas enlazadas con trincheras en zig-
zag, desenfiladas del fuego enemigo. La primera
paralela, la más próxima al cordón de asedio,
estaba unida a él con dos largos ramales o ataques.
Frente a una muralla urbana, la paralela podía
alcanzar fácilmente 200 o 300 m. Desde los extremos de la primera paralela partían los ramales o
ataques que conducían a la segunda, que era la
siguiente que se excavaba. La tercera ya estaba
próxima al camino cubierto y al foso de la fortificación. Los ramales solían tener derivaciones
transversales o medias paralelas para posibilitar
concentraciones de soldados. La primera y la

segunda paralela contaban con baterías de artillería, ubicadas en reductos protegidos. Estos cañones de largo alcance pugnaban por enmudecer la artillería de la plaza, y empezaban a batir la muralla que se había escogido para el asalto. Después de un prolongado bombardeo, el muro atacado empezaba a ceder y se configuraba una brecha. Se intentaba que fuera lo más amplia posible para asaltarla con una masa de infantería. En la tercera paralela, muy cerca ya de la muralla, se colocaban morteros para martillear a los defensores y barrerlos de la parte superior de la brecha. Aún desde la tercera paralela surgían nuevos ramales o ataques que alcanzaban la zona exterior del camino cubierto. Entonces, los atacantes ya estaban situados ante la plaza ejerciendo una gran presión artillera. Cuando se alcanzaba esta fase, denominada «coronamiento del camino cubierto», se aproximaba el asalto final. Mientras tanto, las baterías de cañones y morteros podían haberse ubicado en nuevos emplazamientos más próximos, con el fin de continuar destrozando los muros y erosionar la brecha hasta convertirla en un montón de escombros que se deslizaban sobre el foso. Por otra parte, los sitiadores podían excavar minas bajo las defensas para efectuar una voladura que facilitara, aún más, el ataque. Cuando la brecha era totalmente practicable, se excavaban túneles que desembocaban en el foso, pero no los abrían hasta el momento del ataque. Generalmente, los asaltos finales eran de madrugada. Los atacantes hacían explotar minas, si así lo habían dispuesto, y toda la artillería disparaba masivamente para barrer los defensores. Acto seguido, se abrían los últimos palmos de los túneles de bajada al foso y los atacantes, que previamente se habían concentrado en las paralelas, descendían por los túneles, salían en tromba al foso y se encaramaban por los cascotes de las brechas en número suficiente para que el ataque fuera imparable. Si los atacantes coronaban la brecha con un número suficiente, de tropas la conquista de la fortificación prácticamente estaba asegurada. Sin embargo, en algunas ocasiones, los defensores se esforzaban en construir un segundo muro, o una trinchera o fortines tras las brechas. Esta segunda fortificación secundaria se denominaba «cortadura».

LOGÍSTICA EN ALZA

Durante el siglo XVIII, las monarquías absolutas organizaron eficaces aparatos de Estado que preparaban minuciosamente los más diversos aspectos de funcionamiento de los reinos. El ejército y la guerra no escaparon a la fiebre organizadora. Precisas ordenanzas militares reglamentaron todo aquello que afectaba al ejército y la marina, desde la composición de las unidades a la administración de justicia. A menudo existían ministros o ministerios de guerra y/o de marina que se ocupaban de organizar la actividad bélica tanto en tiempos de paz como de guerra. El Estado destinaba cantidades precisas para sostener un determinado número de regimientos, con las justas plazas de oficiales y soldados. Por primera vez se construyeron, de manera sistemática, cuarteles para alojar con comodidad a las unidades militares. Cada regimiento acabó destinado en un determinado cuartel ubicado en una ciudad o en una fortaleza. Si bien la mayor parte de la oficialidad correspondía al estamento nobiliario, la promoción de empleos venales en el ejército comenzó a ser una realidad.

Con cierta regularidad, las monarquías convocaban concursos, los denominados «asientos», para suministrar o fabricar masivamente armas y pertrechos. Los artesanos, dadas sus limitadas posibilidades de producción, no podían aspirar a suministrar grandes cantidades. Por su lado, la burguesía manufacturera emergente sí que encontró en estos encargos un poderoso estímulo, y una importante fuente de recursos para avanzar en lo que acabaría siendo un modo de producción industrial. Los grandes suministradores de los ejércitos de finales del XVII y principios del XVIII se convertirían a mediados del siglo en el poderoso y proactivo motor económico que pondría, en más de un país, las bases de la revolución industrial. Pero la política de asientos también se dejó sentir en la propia organización de unidades militares. A menudo, el Estado absoluto toleraba e incluso veía con simpatía que personas particulares se encargaran de reclutar y organizar regimientos. A principios del siglo XVIII, la incorporación al ejército era voluntaria y los soldados eran profesionales de la guerra a cambio de un sueldo. Pero no era fácil captar soldados, ya que la profesión era dura y mal pagada. Según los países, el soldado cobraba más o menos el sueldo de un peón especializado; lo habitual era que se le suministrara vestido y calzado de manera regular, el denominado equipo o uniforme de munición, que se le diera el sueldo y que además recibiera el alimento básico, el pan de munición. Dadas las dificultades de la recluta se consideraba provechoso que alguien, por iniciativa propia, se ocupara de la ímproba tarea de conseguir soldados para el rey. Y si ímproba era la tarea de conseguir profesionales para las fuerzas de tierra mucho más compleja era el reclutamiento de marineros, que a menudo se organizaba por los más diversos y brutales medios. Cuando el particular disponía de las plantillas completas de soldados y oficiales podía incluso equiparlos con los colores y la divisa que deseara, dar su nombre al regimiento y disponer de bandera coronela. El promotor, o quien este designara, podía recibir patente de coronel otorgada por la corona, y, como tal, recibir un sueldo. Igualmente se autorizaba al coronel a repartir las oportunas patentes para nombrar oficiales. Con regularidad, el coronel promotor operaba de la misma manera, ofreciendo la patente de capitán a aquella persona que se le adhiriera con una compañía ya reclutada. El coronel reclutaba, vestía, armaba y organizaba y la corona pagaba el sueldo a los oficiales decididos por el coronel y también a los soldados. Los beneficios para la Corona estaban claros, al ahorrarse un proceso de reclutamiento complejo y penoso. Los coroneles por su parte adquirían redes clientelares a través de las patentes de oficiales. Por otra parte, si el coronel no era de origen aristocrático tenía la posibilidad de abrirse una vía de promoción social, ya que la categoría de oficial del ejército del rey podía darle acceso al estamento nobiliario. Así, en la mayoría de países europeos, no pocos burgueses lograron entrar en la nobleza a partir de la creación de regimientos.

Las campañas militares se desarrollaban preferentemente a partir de primavera y rara vez duraban hasta el invierno. Las unidades se ponían en marcha para cubrir los objetivos y, tras ellas, los sistemas logísticos les suministraban los alimentos y municiones necesarias. Cada tres días, los ejércitos debían parar uno entero, para dar tiempo a cocer pan para las siguientes jornadas de marcha. El aprovechamiento de los recursos del territorio era desigual. A diferencia de los famélicos e insubordinados soldados del XVII, que a menudo vivían sin paga gracias al bandidaje sobre el terreno, los ejércitos del XVIII estaban mucho más sujetos y organizados. No obstante, las requisas de alimentos ciertamente seguían teniendo lugar, así como la incautación de cosechas y ganado en los territorios afectados por las campañas. La caballería, por su parte, forrajeaba agotando los pastos, y los soldados acampados convertían con rapidez los bosques en leña. Sin embargo, los saqueos y asesinatos de la población civil remitieron, sobre todo en territorios propios o amigos. La férrea disciplina y la aplicación de castigos a los infractores frenaban los impulsos de la soldadesca. En algunas ocasiones, incluso los ejércitos procedían a pagar o compensar las requisas. En cualquier caso, la base del abastecimiento se intentaba asegurar a partir de una logística organizada que, desde las bases o plazas de armas, goteaba hacia los frentes los más diversos suministros de boca y armamento. Las campañas se planteaban aprovechando los puntos de apoyo que daban las fortalezas. Las batallas campales existieron ciertamente, pero los asedios o bloqueos a ciudades ocuparon buena parte de los esfuerzos de los ejércitos durante el periodo.

La guerra naval también conoció la innovación. Ingleses y holandeses se convirtieron en las potencias hegemónicas en el mar. Los galeones dieron paso a fragatas y navíos de línea de dos y tres palos, con uno, dos o tres puentes (pisos con artillería) dotados de grandes concentraciones de artillería. El *HMS Victory,* un tres puentes británico fletado el 1778, fue uno de los barcos más emblemáticos del periodo y buque insignia del afamado almirante lord Nelson durante la batalla de Trafalgar, en 1805. Los españoles intentaron

Réplica de la fragata *USS Constitution*, en activo durante la
guerra de 1812 entre Estados Unidos y el Reino Unido.
Los enfrentamientos en el norte del continente americano
estuvieron dominados por fragatas como esta, con cuarenta
o cincuenta cañones y altamente maniobrables.

retomar posiciones en cuanto a tecnología marítima, y llegaron a botar buques gigantes como el *Santísima Trinidad*, construido en La Habana el 1769. Este monstruo de cuatro puentes también participó en la batalla de Trafalgar, pero su presencia no fue suficiente para inclinar la balanza a favor del bando franco-español.

Los navíos de línea intentaban posicionarse a favor del viento y barrer con andanadas de su artillería lateral a los buques enemigos. Cuando lograban tomar al enemigo por la popa, las descargas eran terriblemente mortíferas, ya que las balas de cañón podían atravesar de punta a punta toda la cubierta del barco barriendo a marineros y desorganizando piezas.

El siglo XVIII conoció grandes batallas, pavorosos asedios y astutos comandantes. Las terribles batallas de la larga y mundial Guerra de Sucesión española fueron emblemáticas: a las ya mencionadas de Blenheim (1704); Ramillies (1706); y Oudenaarde (1708); cabe añadir las de Malplaquet (1709) o Denain (1712). Hubo asedios como el de Torino (1706), Lille (1708) o Barcelona (1714) que fueron impresionantes.

Pero las contiendas se sucedieron a lo largo de todo el siglo con batallas legendarias como Fontenoy (1745), en la Guerra de Sucesión Austríaca, Culloden Moor (1746), en las disputas por Escocia; Leuthen y Rossbach (1757), en la terrible Guerra de los Siete Años; Québec (1759), en el mismo conflicto pero en su contexto americano, durante la conquista inglesa del Canadá; y Saratoga (1777), en la Guerra de la Independencia estadounidense.

Entre los grandes generales, algunos destacaron por sistemáticos como los oficiales borbónicos Louis Joseph de Vendôme y el duque de Berwick;

La batalla de Saratoga, ocurrida en 1777, finalizó con la
rendición del ejército británico de Burgoyne a manos del
general norteamericano Gates. Los excelentes tiradores del
ejército americano habían derrotado a los casacas rojas.
Fue la primera gran victoria de los rebeldes americanos
contra la monarquía británica.

otros como el brillante duque de Marlborough por
su intuición; James Stanhope brilló en sus alocadas cargas de caballería; Antonio de Villarroel por
su astucia; Guido von Starhemberg, comandante
de los ejércitos del archiduque Carlos en España,
por su serenidad; Eugenio de Saboya, líder aliado
en Italia, por su entusiasmo; y Federico el Grande
de Prusia por su capacidad de innovación táctica
durante la Guerra de los Siete Años. Sin embargo,
pronto iba a cambiar todo. La Revolución Francesa de 1789 acabaría con los ejércitos de soldados profesionales y nobles generales de pelucas
empolvadas; el final del siglo XVIII coincidió con
el colapso de los ejércitos del despotismo ilus-
trado, y después del torbellino napoleónico nada
volvería a ser igual.

4

Tras la sombra de Napoleón (1789 - 1871)

LOS COMBATIENTES DEL SIGLO XIX Y SU EQUIPO

La Revolución Francesa iniciada en 1789 cambió los ejércitos de toda Europa, ya que las tropas profesionales mandadas por nobles fueron sustituidas por ejércitos de ciudadanos. El servicio militar universal se extendió por doquier. Con el desarrollo industrial, los europeos pudieron redoblar esfuerzos para controlar el mundo, y se impuso el imperialismo colonial sustentado por la punta de las bayonetas y los proyectiles de artillería. Pero las armas de los soldados del siglo XIX evolucionaron poco hasta que, finalmente, en tiempos de la Guerra Franco-prusiana (1870-1871), el uso de fusiles de repetición y artillería de retrocarga definió un nuevo tipo de combates.

La tecnología mejoró lentamente a lo largo del XIX, las armas se tornaron más precisas y mortíferas, pero a mediados del siglo los soldados de a pie continuaban combatiendo en líneas, dis-

parando fusiles que se cargaban por la boca del
cañón, y los de a caballo cargando a golpe de sable: poco había cambiado desde el siglo XVIII. Fue
durante la segunda mitad del siglo XIX que las
cosas evolucionaron debido a la gran efectividad
de las armas de fuego perfeccionadas por la
técnica moderna.

Los soldados de línea de las Guerras Napoleónicas (1799-1815) lucharon con bicornios, chacós,
sombreros de copa, mochilas de madera y piel,
gibernas, casacas, calzas o pantalones, fusiles de
avancarga, bayoneta y sable. Este equipo básico no
experimentó demasiados cambios durante la primera mitad del siglo XIX. El armamento de munición, el producido explícitamente para las tropas,
siguió manteniendo tipologías y funciones similares
a las de finales del siglo XVII, cuando el fusil con
bayoneta se convirtió en hegemónico. El fusil
continuó siendo el arma estándar hegemónica
durante los siglos XVIII y XIX. Al iniciarse las
Guerras Napoleónicas, la mayor parte de los regimientos europeos portaban fusiles, carabinas y
pistolas que mantenían la llave de sílex, a la francesa, o con alguna variante como la llave miquelete
en el caso español. Los veteranos fusiles tipo Charleville franceses y los Brown Bess británicos se
repartieron a millares por todo el continente para
satisfacer las demandas de armamento antes y
después de las guerras de la época de Napoleón
Bonaparte. Así, al iniciarse la primera Guerra Car-
lista, en 1833, el gobierno español compró a los británicos 325 600 fusiles Brown Bess, 10 000 carabinas, 3 600 pistolas y 4 000 rifles. Sin embargo, la
llave de sílex tras casi dos siglos de servicio empezaba a declinar.

A partir del 1820, comenzó a usarse otro
mecanismo de disparo basado en la percusión. Un

martillo percutor golpeaba una pequeña cápsula dotada con fulminante de mercurio, denominada pistón, que al explotar encendía la pólvora del interior del cañón. Era una innovación modesta ya que las llaves de percusión o de pistón, aplicadas a cañones de ánima lisa, no aumentaban las prestaciones del arma. La potencia de fuego y el alcance eran los mismos. Sin embargo, el nuevo sistema eliminaba los condicionantes atmosféricos, ya que la lluvia o el viento impedían disparar con sílex. Por otra parte, la colocación del pistón era muy rápida, con lo cual se ganaba en cadencia de fuego.

Estas razones fueron suficientes para convertir las llaves de sílex en un utillaje arcaico, pero el ritmo de implantación de la llave de percusión fue lento. Muchas armas civiles la adoptaron, pero no era ni fácil ni barato cambiar los millares de fusiles de munición de los ejércitos dotados con sílex. La continuidad de los conflictos apremiaba a los ejércitos y no había ni tiempo ni dinero para ensayar cambios. Así, las tropas británicas fueron a la guerra de Crimea aún con el Brown Bess usado en las Guerras Napoleónicas en una fecha tan tardía como 1854.

En muchos ejércitos, la lenta fabricación de las nuevas armas con llave de percusión se desarrolló en paralelo al proceso de mejora de los miles de fusiles, tercerolas y pistolas existentes, en los que se procedió a sustituir una llave por otra. En España, por ejemplo, miles de fusiles británicos fueron transformados insertándoles las nuevas llaves de percusión.

Una innovación reseñable la constituyó el rayado de los cañones de los fusiles, que otorgaba al arma más potencia, precisión y distancia de tiro. La nueva arma era resultante pasó a ser conocida como rifle, debido a que el alma rayada hacía girar la bala (*rifling*, en inglés). El rayado implicó el diseño de munición más idónea, lo que condujo al uso de balas cilindro-cónicas que se ajustaban mejor al cañón. Los primeros prototipos de balas cónicas continuaron montándose con cartuchos de papel. A partir de 1826, se ensayaron nuevos cartuchos de cartón o metálicos que llevaban incorporada la bala pero que continuaban utilizando la avancarga.

Todo ello exigió nuevos procesos de recomposición, es decir, de arreglos y reformas sobre las armas ya existentes. El 1858, cuando el gobierno español preparaba su intervención en el norte de África, empezó el proceso de rayado de los cañones lisos de los fusiles españoles o británicos fabricados, o ya arreglados, entre 1836 y 1858. En esa misma época, el 1859, dio comienzo la fabricación de nuevos fusiles rayados y con llave de percusión. Los soldados españoles de la expedición africana ya pudieron contar con este nuevo armamento que les permitía disparar con cierta efectividad hasta los 600 m.

La siguiente innovación no tardó en llegar. Los procesos de avancarga obligaban al combatiente a luchar de pie, lo cual era cada vez más peligroso en la medida que el armamento aumentaba en potencia y precisión. La retrocarga se convertía, cada vez más, en una necesidad. En 1836, Johann Dreyse había inventado un sistema funcional de retrocarga, el denominado fusil de aguja, que fue adoptado por el ejército prusiano. El fusil se cargaba por una recámara ubicada en la parte superior y posterior del cañón. Allí se introducía un cartucho compuesto por una bala cónica, fulminante y pólvora envuelta en papel. Al apretar el gatillo, una aguja atravesaba la parte posterior del cartucho e impactaba contra el fulminante produciendo la combustión de la pólvora y el disparo. Pero el sistema era tiro a tiro, o sea, había que recargar el arma después de cada disparo. La máquina funcionó, los soldados prusianos podían recargar a una mayor velocidad, y en caso de necesidad cargar y disparar tendidos en el suelo. La eficacia del fusil de aguja Dreyse quedó demostrada el 1866, en la batalla de Sadowa, decisivo combate de la Guerra Austro-prusiana. Los prusianos barrieron a sus enemigos. Por cada disparo de los austríacos, los prusianos tiraron seis. Los avances tecnológicos de Prusia no pasaron inadvertidos a las otras potencias imperialistas emergentes. Como respuesta, los franceses idearon, en 1866, el fusil Chassepot y los británicos el Martini Henry de 1871. A su vez, se construyeron cerrojos como el americano Berdam para adaptar los viejos fusiles a las nuevas tecnologías. También se diseñaron nuevos cartuchos metálicos con receptáculos de latón para contener la pólvora y con la cápsula fulminante ubicada directamente en la parte posterior.

Paralelamente, las armas cortas también evolucionaron tras las Guerras Napoleónicas, que como se dijo antes finalizaron en 1815. La generalización de la llave de percusión permitió miniaturizar los modelos, lo cual facilitó el diseño de armas con múltiples cañones. La revolución en el campo de las armas cortas y aún en la repetición y automatización del disparo la propició el norteamericano Samuel Colt, diseñando una nueva arma: el revólver. El artefacto contaba con un barrilete con receptáculos para ubicar hasta seis cartuchos. Al disparar, el barrilete giraba y un nuevo receptáculo quedaba en línea con el cañón y el arma quedaba preparada para detonar el cartucho siguiente. Fue la primera arma que, mediante un mecanismo automatizado de repetición, podía disparar seis veces seguidas sin recargar. El primer prototipo, el Colt Paterson, se diseñó en 1836. Pero el revólver no tuvo aceptación, y Colt tuvo que cerrar temporalmente su fábrica ese mismo año. Más tarde, el revólver se popularizó entre los pioneros del Oeste norteamericano, ya que era un arma barata, resistente y poco aparatosa, con una gran potencia de fuego que resultaba devastadora a cortas distancias. El revolver triunfó en las Guerras Indias, y el ejército estadounidense adaptó el modelo Colt Walter Dragoon en 1847. A partir de aquí, el éxito del revólver fue imparable, se fabricaron miles de ejemplares y se convertiría en el arma de la expansión norteamericana en el Far West. De hecho, fue la primera arma fabricada con criterios industriales, en serie y con piezas intercambiables, uno de los precedentes precoces de la cadena de montaje. A partir del revólver de Colt, otros fabricantes americanos y europeos se apresuraron a diseñar revólveres.

Pero el sistema de Colt no se pudo aplicar a los fusiles para obtener un arma de repetición, ya que solo era útil para armas cortas. Parte de los gases perdían su fuerza impulsora entre el barrilete y el cañón, y la resultante era un alcance más limitado. El revólver no resultaba efectivo más allá de la cincuentena de metros.

De otro lado, el equipo y correaje de soldados y combatientes también fue evolucionando. A partir de la Revolución Francesa, los ejércitos se compusieron cada vez más de ciudadanos reconvertidos en soldados mediante sistemas de servicio militar obligatorio. Muchos de estos civiles continuaban vistiendo sus prendas en campaña, y a la vez los uniformes se volvieron más funciona-

Revólver Colt usado por la marina americana a partir de
1851. Se puede apreciar el tambor cilíndrico del arma en el
cual se colocaban varias balas, permitiendo disparar el arma
repetidas veces sin tener que recargarla. Este sistema
fue muy innovador, ya que permitió aumentar
considerablemente el número de disparos
que hacía cada soldado.

les. Las apretadas calzas dejaron paso a los más
cómodos pantalones, las chupas se hicieron más
ligeras y las casacas se trocaron en abrigos y capo-
tes. Los correajes devinieron más prácticos, inclu-
yendo carteras de piel para ubicar los fulminantes.
Durante casi todo el siglo XIX la cartuchera o
giberna ancha fue hegemónica para colocar los
cartuchos. Con los Dreyse y los Chassepot, los
equipos se dotaron con dos cartucheras delanteras
y, en algunos casos, con una trasera, puesto que
los soldados eran capaces de disparar un número
mayor de balas durante una batalla.

La evolución de la cobertura para la cabeza
también se aceleró. En las Guerras Napoleónicas,
los soldados adquirían una mayor apariencia
gracias a complicados sombreros pesados y poco
prácticos. Los altos morriones y chacós se dese-
quilibraban fácilmente, y no presentaban ningún
valor añadido de carácter defensivo. La adquisi-
ción de nuevos modelos más funcionales fue muy

lenta: salacots en los ejércitos coloniales, gorras con visera en las unidades de infantería, quepis en Francia y Norteamérica, ros en España, casco de cuero en Prusia, etcétera.

Tras las Guerras Napoleónicas, los uniformes tendieron a la simplificación. Por otra parte, la industrialización del sector textil facilitó buenas y ligeras prendas elaboradas, total o parcialmente, con algodón que brindaron magníficos resultados. En muchos casos, los colores estridentes fueron substituidos por otros más discretos como el azul de los Estados de la Unión, el gris de los Estados de la Confederación o el rayadillo en España, y se empezaron a ver nuevos equipamientos que, poco a poco, tenderían a implementar patrones para camuflarse en el terreno. En este periodo, se estandarizó el utillaje del soldado, quien llevaba mochila, manta, bolso de limpieza personal, marmita-fiambrera, vaso y cantimplora.

Las tácticas del siglo xix

Las tácticas de las Guerras Napoleónicas no diferían en exceso de las de mediados del siglo xviii, si bien evolucionaron en algunos aspectos. Los ejércitos continuaron basados en la infantería de línea. Al igual que en el siglo xviii, luchaban de pie, ya que los fusiles de avancarga difícilmente podían cargarse en otra posición. Las limitaciones de estos fusiles, activos todavía a mediados del siglo del siglo xix, dictaron las formas de combate. Como siempre, la preparación y la moral del soldado resultaron determinantes y al respecto el nuevo modelo de ciudadanos soldados franceses, altamente motivados y entrenados, resultó determinante. Francia llegó a disponer de miles de

Regreso a Francia desde Rusia para combatir a la 6ª coalición de Jean Louis Meissonier. La *Grande Armée* francesa comandada por Napoleón era diferente a los otros ejércitos de la época. En lugar de oficiales provenientes de la nobleza y soldados profesionales, se alimentó de ciudadanos de toda Francia, entre los cuáles se elegían los mandos a raíz de los méritos en combate.

combatientes fogueados, entrenados y encuadrados por magníficos oficiales, dirigidos por Napoleón, una mente brillante que consiguió sacar el máximo provecho a esta máquina militar, triturando no pocos ejércitos del antiguo régimen.

Desde mediados del XVIII, la infantería se había diversificado, los regimientos de montañeses croatas y miqueletes catalanes habían generado unidades específicas de infantería ligera, plenamente activas a principios del siglo XIX. Estas unidades cubrían las vanguardias, avanzaban en guerrilla, tendían emboscadas o efectuaban fuego selectivo sobre los oficiales enemigos. En la Francia napoleónica el papel de la infantería ligera lo cubrieron los *voltigeurs*, y entre los británicos regimientos armados de rifles como los *Royal Green Jackets*, famosos por sus uniformes verdes. Los *Green Jackets* lucharon duramente en la Guerra de la Independencia española (1808-1814) cubriendo avances y retiradas del ejército británico. Eran famosos por la precisión de sus disparos, efectuados con rifles Baker de cañón rayado, armas precisas pero difíciles de cargar a causa del esfuerzo que demandaba introducir la bala a presión en el cañón rayado.

Como alternativa de ataque contra los despliegues en línea, los franceses desarrollaron los ataques en columna. Consistían en formar las unidades con frentes estrechos, limitados a unas pocas filas para atacar en tromba. De esta manera, descargaban un duro golpe que podía romper las delgadas líneas de dos o tres hileras del despliegue contrario. A menudo, la sola presencia de una columna francesa avanzando, gritando, a tambor batiente y con las bayonetas centelleantes, era suficiente para provocar el pánico y la retirada del enemigo. Por otra parte, el movimiento a través del campo de batalla en columna era mucho más fácil que mantener una extensa línea, así que la formación era muy adecuada para los ejércitos revolucionarios franceses, que no estaban compuestos por profesionales.

Napoleón potenció despliegues que alternaban formaciones en línea con formaciones en columna, y agregó además masas de artillería que se transportaban rápidamente de un lugar a otro, arrastradas por caballos. Las unidades en línea mantenían al adversario, la artillería disparaba masivamente contra determinados puntos de la línea enemiga y a continuación las columnas golpeaban como un mazo la línea contraria, rompiendo el frente y dispersando a las tropas enfrentadas. Con este sistema, el corso consiguió grandes victorias como las de Marengo (1800), Austerlitz (1805) o Wagram (1809).

Frente a los ataques de la caballería, la infantería continuó manteniendo sus líneas de fusiles y bayonetas, pero también se utilizaron cuadros. Una formación en cuadro podía organizarse a partir de una compañía, varias de ellas, un regimiento o varios de ellos. Los soldados se disponían formando los cuatro lados de un cuadrado de varias filas de profundidad. En el centro se colocaban los mandos y las banderas. Las afiladas bayonetas y las descargas de fusil impedían la aproximación de la caballería, que no podía flanquear ni atacar por la espalda a las unidades organizadas en cuadro. Estas mismas disposiciones tácticas se mantuvieron prácticamente sin variaciones hasta mediados del siglo XIX.

La caballería continuó organizada en ligera, media y pesada. Las misiones continuaron siendo las mismas: reconocimiento, cobertura en el avance y la retirada y realización de operaciones alejadas de las principales concentraciones del ejército. Los húsares y los cazadores dotados de sable curvo eran las unidades más ligeras. Los coraceros, dotados de un grueso peto de acero, pistolas y un pesado sable recto, constituían la caballería pesada. Los dragones se tipificaron definitivamente como fuerzas de caballería media, aunque continuaron dotados de una notable potencia de fuego asegurada por un fusil corto o carabina y el par de pistolas habituales. Junto a estas unidades, había también caballería de línea y granaderos a caballo.

Aparecieron también unidades de caballería singulares; así adquirieron fama los mamelucos, caballería turca al servició de Napoleón, los lanceros polacos o los carabineros. Las tácticas de la caballería difirieron poco de las ya recuperadas durante el siglo XVIII y que se caracterizaban por utilizar la fuerza de la carga con arma blanca. Se extremó esta táctica, y por lo tanto la fuerza de la

Los húsares napoleónicos llevaban los uniformes más
espectaculares de la época, repletos de decoración y con
llamativos colores. El arma distintiva del húsar era el sable,
arma blanca curvada que era especialmente útil
para atacar a la infantería.

caballería estaba en la potencia que podía desplegar en un choque. En las Guerras Napoleónicas se dieron cargas de caballería de un tamaño increíble como, por ejemplo, las de la caballería francesa en Eylau (1807) y Waterloo (1815), pero poco a poco la efectividad de las armas de fuego convirtió a esta táctica en algo muy costoso e inútil. Décadas más tarde, en la Guerra de Crimea (1853-1856) y en la de Secesión estadounidense (la Guerra Civil que partió Estados Unidos entre 1861 y 1865), la caballería continuó cargando, pero cada vez más descabalgó para la lucha usando revólveres y carabinas, y volviendo de este modo a las primerizas tácticas usadas por los dragones en el siglo XVII.

Con la introducción de los fusiles de retrocarga, las tácticas no variaron sustancialmente, ya que la infantería continuó combatiendo en línea, aunque sí se flexibilizaron. El soldado obtuvo más movilidad, dado que podía combatir desde el suelo o rodilla en tierra. En la guerra de Secesión estadounidense, la efectividad de las armas hizo que batallas como Shiloh (1862), Antietam (1862) o Gettysburg (1863) fueran cada vez más sangrientas, hasta que empezó a quedar claro que las tácticas de ataque clásicas estaban a punto de quedar obsoletas.

Innovación y artillería

Las Guerras Napoleónicas se libraron con artillería similar a la utilizada en el siglo anterior: cañones de campaña de bronce y cañones de hierro en fortificaciones y buques de guerra. Las novedades se limitaron a la mejora de las cureñas y a su adaptación para un transporte rápido por medio de caballería. La artillería de campaña o montada podía desplazarse rápidamente por el campo de batalla, acompañar las tropas atacantes y tomar posiciones según decidieran los comandantes. Napoleón, artillero de formación, movió con eficacia su artillería concentrando bocas y potencia de fuego antes de propiciar los ataques de la infantería. Los morteros se continuaron usando en el asedio y defensa de plazas, pero al estilo de los grandes morteros se desarrollaron pequeñas piezas de campaña para disparar a partir de trayectorias parabólicas. Los obuses, por su parte, eran piezas cortas que podían tirar granadas de mediano calibre que explotaban como las de los morteros. Entre las nuevas piezas, destacaron también las carronadas, cañones navales de gran calibre y corto alcance, devastadores en distancias cortas.

Los cambios tecnológicos importantes fueron, por otra parte, lentos. En 1845, el ingeniero italiano Cavalli diseñó un cañón rayado y apto para retrocarga a partir de una compuerta. El sistema era muy innovador, pero tenía un problema: la dilatación impedía el correcto funcionamiento de la recarga cuando la pieza se calentaba. Al mismo tiempo que se intentaba perfeccionar el sistema en modelos como los Armstrong británicos, se ensayaron sin demasiado éxito diversos tipos de proyectiles para optimizar el rayado de los cañones, permitiendo así mayor precisión y potencia. Como consecuencia, las viejas fortificaciones de tradición vaubaniana quedaron severamente cuestionadas.

En 1859, el francés Treuille de Beaulieu diseñó un proyectil troncocónico metálico relleno de pólvora, que se activaba a partir de pequeños conductos rellenos de pólvora encendidos al disparar la pieza. En este mismo año apareció el

El cañón Armstrong inglés de 8 pulgadas pesaba cerca de 9 toneladas. Fue uno de los primeros cañones pesados de retrocarga y con ánima rayada, y estaba construido a partir de un tubo central rodeado con sucesivos zunchos.

primer cañón rayado francés. Continuaba siendo una pieza de avancarga, tenía un calibre de 86.5 mm y un peso de 1 200 kg. Disparaba obuses troncocónicos de 5 kg a una distancia de 4 600 m. Paralelamente, también se favoreció el encaje de los proyectiles en el rayado, y una mayor potencia, a partir de la introducción en el proyectil de dos ligeros anillos de bronce que se deformaban, adaptándose al rayado. Sin embargo, los cañones tradicionales continuaban siendo hegemónicos en los enfrentamientos navales y en el asalto de las fortalezas, pero sobretodo en los campos de batalla. Cincuenta años después de Waterloo, durante la Guerra de Secesión estadounidense (1861-1865), el peso de los combates lo siguieron manteniendo los cañones de bronce, los denominados Napoleón de avancarga y no rayados. No fue hasta finales de la década de 1860 que el alemán Alfred Krupp diseñó cañones de acero con culata móvil relativamente fiables y funcionales. Ahora sí, la nueva artillería obtuvo resultados realmente demoledores, utilizando proyectiles con carga explosiva que mediante mecanismos de percusión estallaban al impactar. Los nuevos cañones Krupp y similares alcanzaban 3 500 m y podían efectuar dos disparos por minuto. Las fortificaciones quedaban pulverizadas por la nueva artillería. En la Guerra Franco-prusiana de 1870 y 1871, tanto franceses como alemanes usaron ya ampliamente esta artillería moderna.

Es esa época apareció una nueva arma: la ametralladora. A mediados de siglo, los belgas desarrollaron la *mitrailleuse* Montigny, adoptada por Francia antes del conflicto con Prusia. Se trataba de un arma de diversos cañones, que se cargaba simultáneamente mediante la inserción de una platina de hierro perforada y provista de cartuchos en un cierre común. En 1862, Richard Gatling diseñó una ametralladora mejor, compuesta por cañones organizados a partir de un eje central. La cámara era una tolva situada sobre el arma que alimentaba de cartuchos el mecanismo de recarga por medio de una manivela. La Gatling se usó al final de la Guerra de Secesión, pero su utilización fue muy limitada y experimental. Había pocas armas disponibles, y tanto los mandos como los soldados tenían poca experiencia en su uso. Por estos motivos, los resultados no revelaron de momento las extraordinarias potencialidades del artefacto.

EJÉRCITOS NACIONALES, IMPERIOS INTERNACIONALES

Como en todas las épocas, las guerras del siglo XIX no fueron independientes de las opciones políticas, ni de los movimientos revolucionarios.

Ametralladora Gatling de 1865. Estas armas de tiro rápido
podían disparar hasta 600 proyectiles por minuto, aunque su
mantenimiento era muy complejo y se atascaban a menudo.
Sin embargo eran mortíferas, y fueron ampliamente usadas en
los conflictos coloniales de finales del siglo XIX.

De hecho, esta tendencia se acentuó: criterios
políticos y revolucionarios moldearon los ejércitos destrozando los cimientos de las tácticas y
estrategias que se habían ido usando en los siglos
anteriores. La República Francesa desarrolló una
continuidad de iniciativas que trastocaron el
orden militar en Francia y en toda Europa. En
1794, las cinco sextas partes de los oficiales franceses habían abandonado el ejército y los grados superiores quedaban abiertos a los más capaces de entre
los soldados. La nueva Guardia Nacional, abonada
por el espíritu democrático, se nutrió con jóvenes
voluntarios que seguían a sus oficiales más que
ser conducidos por ellos. Lazare Carnot, del Comité de Salud Pública, fue el cerebro gris que
encauzó militarmente la furia revolucionaria entre
1792 y 1797. Francia fue atacada por todas las
potencias pero la respuesta fue declarar un estado
de guerra total y la movilización absoluta. El
número de soldados creció continuamente; a prin-

cipios de 1793 eran 300 000 y en 1794 habían pasado a 750 000. El servicio militar obligatorio se introdujo en 1798 para todos los hombres solteros de entre veinte y veinticinco años. El problema de los abastecimientos se resolvió con una nueva doctrina: el ejército debía aprovechar los recursos del territorio donde se desarrollasen las campañas. Aunque antes los ejércitos ya requisaban los recursos de las zonas de marcha, la base de su alimentación siempre venía dada por un sistema logístico lento y complejo. Los franceses prescindieron de él, y por medio de la sistemática esquilmación del territorio ocupado ganaron en agilidad y movimiento. De este modo ya no dependían de complicados trenes de abastecimiento, y su marcha en campaña era mucho más rápida que la de sus enemigos. A todo ello cabe sumar el espíritu ofensivo: el ejército francés debía atacar continuamente. Las formaciones en columna y las nubes de *voltigeurs* que hostigaban sin tregua al enemigo fueron tácticas acordes con el espíritu del ejército revolucionario. La efervescencia republicana logró, por otra parte, rechazar a todos los enemigos de Francia y generó una enorme masa de soldados fogueados y expertos, así como una excelente masa de jóvenes oficiales y altos mandos. Napoleón, que con veintiséis años dirigió el ejército francés que defendía la frontera con la Italia austríaca, heredó este pueblo en armas, lo encuadró militarmente y prosiguió una política de expansión al servicio de Francia.

Napoleón fue un maestro de la estrategia que preparaba a la perfección el alcance, velocidad y coordinación de sus operaciones. Sus ejércitos vivían a costa del territorio de operaciones, en un periodo histórico en el cual se habían conseguido notables avances en cuanto a productividad agra-

Infantería del ejército napoleónico. El soldado de la
izquierda es un granadero del 1808, y el de la derecha un
voltigeur, es decir, infantería ligera. El armamento es casi
idéntico al de las tropas de línea, pero sus tácticas diferían.
Los batallones de granaderos encabezaban los ataques y
funcionaban como reserva de élite, mientras que los
voltigeurs se desplegaban en orden disperso, acosando al
enemigo constantemente y abatiendo a sus oficiales.

ria y ganadera. Por otra parte, las comunicaciones también habían mejorado ya antes, durante la segunda mitad del siglo XVIII, por lo que sus ejércitos podían efectuar marchas rápidas. Elaboraba sus planes a partir de la información suministrada por su estado mayor, que se mantenía cuidadosamente al día. Un estudio minucioso precedía a la organización de las campañas, y el propio Napoleón daba órdenes determinantes con respecto a todo, incluida la longitud y la ruta de las marchas que debía seguir cada formación. Para ello, creó los llamados Corps d'Armée, que eran agrupaciones operacionales de 30 a 45 000 hombres de todas las armas, y que podían funcionar como pequeños ejércitos. Estos cuerpos revolucionaron los ejércitos de la época, puesto que eran una combinación perfecta de soldados de todas las ramas, se movían rápidamente y podían aguantar al ejército enemigo hasta que otros cuerpos de ejército llegaran, como demostraron los franceses en la batalla doble de Jena-Auerstadt (1806), en la que Napoleón derrotó a una parte del ejército prusiano mientras que su mariscal Davout hacía lo propio con el resto de enemigos. A menudo, utilizó un cuerpo de ejército como vanguardia para fijar al enemigo mientras que otro cuerpo maniobraba para separar las fuerzas contrarias, flanquearlas o combatirlas desde una posición de ventaja. Napoleón seguía y controlaba personalmente todo lo referente a equipos, aprovisionamiento, finanzas y administración del territorio. Consideraba que la preparación y la administración a largo plazo de una campaña eran muy importantes.

Su estrategia siempre fue ofensiva. Maniobraba continuamente hasta obtener una posición aventajada, en la que pudiera concentrar tropas propias contra el punto más débil del dispositivo enemigo. Siempre mantenía el control sobre lo que sucedía en áreas adyacentes y planeaba sus campañas con la finalidad de obtener de ellas las máximas ventajas políticas. A partir de 1805, comenzó a maniobrar con ejércitos que superaban los 200 000 combatientes, pero siguió manteniendo sus principios básicos. Las marchas y las contramarchas fueron una constante que dejaba aniquilados a sus oponentes, y el Emperador intentaba de este modo que sus enemigos fueran derrotados antes de empezar la batalla, como le sucedió al general austríaco Karl Mack von Leiberich en 1805 en Ulm. Los soldados de Napoleón no ganaban sus batallas gracias a una superior potencia de fuego, sino a las marchas forzadas que los situaban en mejores posiciones para derrotar a sus enemigos. Sin embargo Napoleón Bonaparte resultó finalmente derrotado en el plano militar, y los artífices de ello fueron otros estrategas y tácticos que se mantuvieron en posicionamientos más conservadores, entre los cuales cabe destacar las figuras de dos británicos: el almirante Horatio Nelson y el general Arthur Colley Wellesley, duque de Wellington.

El enfrentamiento entre los británicos y la Francia revolucionaria también iba a desarrollarse forzosamente por mar. Mientras Gran Bretaña mantuviera el control de los mares iba a ser muy difícil para los franceses ejercer el control sobre Europa, y especialmente cualquier intento de invasión de la isla. A principios del siglo XIX la marina británica contaba con 55 navíos de línea frente a 42 de los franceses. Los británicos tenían una buena organización y mandos experimentados. Contrariamente, por lo que respecta a Francia, la revolución había purgado a numerosos mandos y en el caso de la marina, a diferencia del ejército, no se podía improvisar. Entre 1794 y 1805 los británicos vapulearon a las escuadras francesas y a las de sus aliados españoles. Las principales victorias fueron las de San Vicente (1797), Abukir (1798) y Trafalgar (1805). Nelson fue el gran artífice de la hegemonía frente a Napoleón, que quedó aislado en el continente. Por otra parte, el ejército británico que a menudo actuó directamente apoyado por la marina intervino en diversos escenarios y, singularmente, en la península ibérica, luchando directamente contra Napoleón. El duque de Wellington, uno de los mejores comandantes británicos, acabó derrotando en 1815 a Napoleón en la batalla de Waterloo con la inestimable ayuda del ejército prusiano. El ejército británico, a diferencia del nacional francés, mantuvo el sistema de reclutamiento basado en soldados profesionales comandados por la nobleza. La causa de su éxito, por otra parte, radica en el superior entrenamiento de las tropas. La práctica demostró que las líneas británicas capaces de sostener un fuego preciso y continuado podían rechazar el asalto de las columnas francesas. Wellington explotó magníficamente las cualidades y experiencia de su ejército profesional. Acostumbraba a formar sus tropas en líneas tradicionales pero, si podía, lo hacía tras las crestas de las elevaciones para esquivar la mirada y la artillería de los enemigos. Luego, las líneas se mantenían en su sitio generando un fuego, concentrando y contraatacando en el momento oportuno. Por otra parte, Wellington, y los británicos en general, controlaron con eficacia la administración de sus ejércitos, y a diferencia de los franceses no se fiaron de las posibilidades de vivir sobre el terreno, prefiriendo mantener sistemas de abastecimiento organizados. Las enseñanzas de las Guerras Napoleónicas fueron estudiadas y reelaboradas a nivel de pensamiento y teoría por estudiosos como el general suizo Antoine-Henri de Jomini y el prusiano Karl Von Clausewitz, que habían participado en ellas y que en un futuro definirían las claves teóricas de la guerra en el siglo XIX.

Tras las Guerras Napoleónicas, finalizadas con la derrota en Waterloo de Napoleón a manos del duque de Wellington y el prusiano Blücher en 1815, llegó un periodo de relativa tranquilidad que ralentizó el esfuerzo militar, aunque hubo duros enfrentamientos como la Guerra de Crimea (1853-1856); la Segunda Guerra de Independencia de Italia (1859) que enfrentó básicamente a Francia y el Piamonte con Austria; la Guerra Austroprusiana (1866) y la Franco-prusiana (1870-1871).

A estos conflictos europeos cabe sumar las guerras de emancipación en el centro y el sur de América, las guerras provocadas por la expansión imperialista en África, Asia y Oceanía, y los combates entre el ejército de Estados Unidos y los indios nativos norteamericanos. También hubo conflictos explícitamente revolucionarios o de emancipación, que afectaron a Polonia y Grecia, así como a buena parte de los países europeos, en las sublevaciones democráticas de 1848. Por su magnitud y especial relevancia, cabe destacar también la Guerra de Secesión o Guerra Civil estadounidense (1861-1865). Estos conflictos contaron también con comandantes audaces como el venezolano y gran artífice de la independencia sudamericana Simon Bolívar, los estadounidenses Robert E. Lee y Ulysses S. Grant, el revolucionrio italiano Giussepe Garibaldi, el mariscal austríaco Joseph Radetzky, el artífice del ejército prusiano

Soldados franceses durante la Guerra Franco-prusiana de
1870-1871. Esta guerra fue un completo desastre para Francia,
siendo la causa de la rebelión que depuso a Napoleon III y
promulgó la Tercera República. Por otra parte, la guerra marcó
el inicio del camino que llevaría a la I Guerra Mundial.

Helmuth von Moltke o el almirante inglés Thomas Cochrane, que luchó tanto en las Guerras Napoleónicas como en las de independencia sudamericanas.

Durante todos estos conflictos se fueron adaptando las innovaciones que aportaba la Revolución Industrial, aunque de manera desigual. Así, el ferrocarril se convirtió en un medio indispensable para transportar tropas con celeridad, y su utilidad fue manifiesta en la Guerra de Secesión estadounidense y la movilización prusiana en la guerra de 1870-1871. Esta capacidad para desplazar tropas, unida a la revolución en las comunicaciones provocada por el telégrafo (visual e inalámbrico) supusieron aún más complicaciones a los ejércitos ofensivos, puesto que el enemigo podía taponar rápidamente brechas en su línea de defensa transportando nuevas tropas de refresco a la zona amenazada. Sin embargo, el artefacto paradigmático de la revolución industrial, la máquina de vapor, y el uso masivo de acero solo se pudo aplicar de manera directa en la marina de guerra, ya que los barcos eran los únicos artefactos en los cuales se podían cargar máquinas pesadas. Los viejos navíos de guerra de tradición dieciochesca pronto tuvieron su contrapunto en barcos a vapor, que se movían a partir de ruedas laterales o hélices. En 1843, los estadounidenses botaron el *USS Princeton*, una balandra a vapor con hélice y armada por diez cañones. La edad del velero militar había acabado, ya que ahora los barcos de guerra se podrían desplazar a toda velocidad a cualquier destino, con o sin viento favorable. Los buques de guerra se reforzaron con planchas de blindaje y con grandes cañones posibilitados gracias a la fundición de hierro. Esta artillería, a semejanza de los morteros, disparaba granadas

El general Robert E. Lee (1807-1870) fue uno de los comandantes más brillantes de la Guerra Civil estadounidense. A pesar de la inferioridad numérica, sus tropas consiguieron numerosas victorias al inicio de la guerra: la segunda batalla de Bull Run (1862), Fredericksville (1862) y Chancellorsville (1863). Sin embargo, la progresiva mejora de las tropas de la Unión, así como su superior capacidad industrial, decantaron la balanza a favor del Norte, en especial a partir de la derrota de Lee en Gettysburg (1863).

El HMS Warrior, primer buque de guerra acorazado inglés. Construido como respuesta al francés La Gloire, su diseño y armamento fueron muy innovadores. Este barco nunca entró en combate, pero marcó la línea de desarrollo que seguirían las marinas de guerra de todo el mundo (AXH).

que explotaban con una espoleta. En 1857, los franceses construyeron los primeros buques blindados, eran cuatro acorazados de la clase Gloire. A su vez, los británicos construyeron el *Warrior*, un poderoso acorazado que en su zona central mantenía un blindaje impenetrable de 11,5 cm. En 1862, en el marco de la Guerra Civil estadounidense (más conocida como de Secesión), una batería acorazada sudista, el *CSN Merrimac*, se enfrentó con un revolucionario artefacto nordista, el *USS Monitor*, un buque armado con una temible torreta central y giratoria. El combate resultó inconcluso, pero la tecnología reflejada en estos dos buques cambiaría para siempre la guerra naval. Al mismo tiempo se tantearon en Europa y Estados Unidos los primeros submarinos como el *Plongeur* francés (1863) o el *Ictíneo II* de Narcís Monturiol (1864).

La letalidad de las nuevas armas fue manifiesta incluso en los combates terrestres, en los cuales se había mantenido el modesto fusil y la continuidad de los cañones de poco calibre. En las batallas de la Guerra de Crimea y en las de la campaña italiana de 1859, y especialmente en la batalla de Solferino (1859), el porcentaje de bajas fue aterrador. La reordenación de los servicios médicos se reveló como una necesidad acuciante. En este sentido, la filántropa Florence Nightingale, que con 38 enfermeras acudió a la Guerra de Crimea, estableció un importante precedente. En 1864, se creó el Comité de la Cruz Roja Internacional y se firmó el primer Convenio de Ginebra por parte de 12 potencias. La iniciativa la tuvo el filántropo y banquero suizo Henri Dunant, que conoció la carnicería de Solferino y que sabía de la extraordinaria labor de Nightingale. Durante la Guerra Franco-prusiana, la recién nacida Cruz

Roja atendió a más de medio millón de enfermos y heridos. Esta guerra, que supuso la confirmación de Alemania como una gran potencia europea, después de conquistar París en 1871, fue el triunfo de la organización de un Estado extraordinariamente moderno puesto que, aunque la tecnología era similar, la movilización de millones de hombres en pocos días gracias al ferrocarril permitió a los alemanes derrotar repetidamente a las tropas francesas enviadas contra ellos. Este conflicto, así como la Guerra de Secesión estadounidense, mostraron el terrible camino que seguiría la guerra industrializada, hecha por millones de hombres luchando con las armas más mortíferas que la humanidad había visto nunca.

5

La guerra industrial
(1871 - 1945)

SOLDADOS LETALES

La Guerra Franco-prusiana (1870-1871) anunció un nuevo periodo de conflictividad en Europa en el cual comenzaban los enfrentamientos directos entre estados imperialistas. Alemania, la nueva potencia emergente, llegaba tarde al reparto del mundo que habían organizado Francia y Gran Bretaña, y tal situación iba a generar enfrentamientos por el control de las riquezas del planeta que acabarían trágicamente con la primera experimentación de la guerra nuclear ya en 1945.

A finales del siglo XIX, el desarrollo industrial y tecno-científico avanzaba de manera desbocada, primero a caballo de la revolución del vapor, y después con el impulso de la electricidad. La nueva sociedad europea produjo ejércitos poderosos, ahora al servicio de un nuevo sistema económico impulsado por las burguesías capitalistas. Estos ejércitos eran el reflejo de los estados que los habían creado y, como tales, aprovechaban toda la potencia de las fábricas para dar un paso adelante en cuanto a logística y armamento.

El preámbulo del periodo comenzó con la tantas veces citada Guerra Franco-prusiana, y continuó con la Hispano-estadounidense de 1898 y la Ruso-japonesa de 1904 y 1905, acompañadas todas ellas por el eco de innumerables conflictos coloniales. Finalmente, llegó el gran enfrentamiento, la nueva Guerra de los Treinta Años. Comenzó en 1914 con disputas imperiales, generó revoluciones sociales, propició la barbarie fascista y el totalitarismo soviético, y acabó por desencadenar a su vez un nuevo enfrentamiento multipolar, social, imperial, racial y, en definitiva total, que se desarrollaría entre 1939 y 1945 y generaría cincuenta millones de muertes: la II Guerra Mundial, el conflicto más sangriento en la historia de la humanidad.

La Guerra Franco-prusiana fue de alguna manera, a la vez, la última guerra napoleónica en cuanto a tácticas y la primera guerra industrial en cuanto a recursos logísticos y tecnología. Aunque se evidenciaba que la introducción de fusiles de retrocarga y las ametralladoras iban a cambiar el panorama bélico, los cambios fueron lentos hasta principios del siglo XX, especialmente a nivel teórico. Se suponía que el soldado armado con fusil iba a continuar siendo decisivo en el desarrollo de las guerras, pero los conflictos del siglo XX acabaron relegando a la infantería a una posición subordinada respecto al papel estratégico y táctico de la novedosa aviación, las fuerzas aeronavales y las armas blindadas. La caballería, por otra parte, sería simplemente eliminada de la guerra europea.

La evolución de los fusiles de retrocarga fue sin duda la novedad tecnológica más destacable en el panorama bélico del último tercio del siglo XIX. Las novedades que en su día supusieron los fusiles Dreyse, Chassepot y Martini Henry pronto quedaron superadas por nuevos modelos. En 1870, los franceses desarrollaron el fusil de repetición Lebel, que cargaba diez cartuchos bajo el cañón, pesaba 4 100 kg, disparaba munición de 8 mm y alcanzaba los 3 000 m. Sin embargo, el desarrollo más competitivo fue el que protagonizaron los austríacos a partir del fusil Mannlicher de 1888, que contaba con un cargador emplazado frente al gatillo, y que contenía cinco cartuchos de 6 mm. Con la carga de munición en el centro, el fusil no se desequilibraba. A finales del XIX y principios del XX, surgió la nueva generación de fusiles que cubriría prácticamente toda la primera mitad del siglo XX: los Mauser, fabricados bajo licencia en distintos países, los Mark británicos o los Springfield norteamericanos. Con estas nuevas armas, el infante ganaba en velocidad y potencia de fuego. Sin embargo, los cerrojos manuales exigían desenfilar el arma para colocar una nueva bala en la recámara. La cuestión se resolvería tardíamente con los fusiles semiautomáticos, como el Garand estadounidense de 1936, que no exigían manipulaciones entre disparo y disparo.

Por su parte, los ingenieros militares españoles, en la carrera de la retrocarga, propiciaron una nueva y gigantesca transformación o recomposición de armamento. Los fusiles de 1859 empezaron a reconvertirse en armas de retrocarga insertándoles el cerrojo Berdam modelo 1867. Se trataba de una pieza que incorporaba recámara y percutor que podía accionar, indistintamente, la aguja para la nueva munición metálica, con fulminante incorporado al cartucho, o la munición con cebado independiente. Los fusiles con cerrojo Berdan empezaron a ser sustituidos en 1871 por fusiles Remington de retrocarga y cartuchos metálicos. El 1893, el Estado español empezó a importar grandes cantidades del fusil alemán Mauser 1893, que se fabricaría bajo licencia en Oviedo a partir de 1896. Era una arma de repetición extraordinaria y, sin duda, la más temible de su tiempo. Podía cargar una pinta de cinco cartuchos unidos por una lámina. La munición era de pólvora sin humo, lo cual hacía que los tiradores fueran ilocalizables. Con esta arma, el ejército español afrontó la Guerra de la Independencia cubana de 1895-1898, la más conocida como Guerra de Cuba, y cabe destacar que era muy superior a los Springfield y Krag-Jogersen empleados por la infantería estadounidense aliada de los rebeldes cubanos.

Al comenzar la I Guerra Mundial, en 1914, el equipo de los soldados no se había modificado demasiado con respecto a los usados en la Guerra Franco-prusiana, a excepción de los fusiles. Los soldados franceses mantenían pantalón y quepis rojos y el abrigo azul marino, pero ya no usaban el Chassepot sino el Lebel, dotado de una larga bayoneta espada. Los británicos portaban ropas mimetizadas de color caqui y una gorra con visera. Durante la Guerra Boer (1899-1902), los tiradores holandeses, dotados de fusiles Mauser, habían practicado el tiro al blanco contra las casacas rojas de los británicos y ahora los uniformes buscaban confundirse con el terreno. A su vez, como arma básica para los soldados británicos se adoptó el fusil Lee Enfield Mk III de 7,7 mm. Los alemanes, a su vez, también habían adoptado un color discreto, el *feldgrau*, una mezcla entre gris y verde oliva. En la cabeza mantenían con funciones decorativas un extraño y arcaico casco prusiano de cuero dotado de un pincho. Su fusil era el magnífico Mauser de 7,5 mm..

La potencia de fuego de las tropas se complementaba con las ametralladoras, bien desarrolladas pero que aún no se habían probado masivamente en el campo de batalla. La tecnología de las ametralladoras se había innovado notablemente gracias al norteamericano Hiram Maxim que, en 1884, desarrolló un sistema de recarga automática del arma a partir de la fuerza del retroceso del propio artefacto. La resultante era muy superior a la primitiva ametralladora Gatling de cañones múltiples. Los británicos probaron el artefacto contra los zulúes en 1893 y 1894. A su vez, los alemanes decidieron fabricarla masivamente y bajo licencia. A la Maxim siguieron las Browning estadounidenses de 1885 y 1917; la Schwarzlose austríaca de 1905 y la Hotchkiss francesa de 1914.

Los primeros combates revelaron la necesidad de proteger la cabeza. En 1915, franceses y belgas adoptaron el casco Adrian de 800 g. Un año después, los alemanes estrenaron casco, una pieza de 1 125 g con pretensiones ergonómicas para proteger los ojos, los oídos y la nuca del combatiente. En ese mismo periodo, los ingleses adoptaron también su casco de ala ancha que recordaba los cascos medievales. La introducción de las terribles armas químicas en el frente de Ypres durante 1915, ya durante la I Guerra Mundial, forzó a añadir una máscara de gas a la impedimenta del soldado. Además, los soldados recomenzaron a usar masivamente bombas de mano, imprescindibles para el asalto y la lucha en las trincheras. Y la potencia de fuego de los pelotones se acrecentó, sobre todo en ataque, gracias al uso de pequeñas ametralladoras de fácil transporte que podían ser manejadas por un solo combatiente, como la Lewis americana de 1912 o el Chaucat francés de 1914. La fuerza de ataque también venía reforzada por los temibles lanzallamas. Pero eso no era todo, lo que resultaba determinante para definir las batallas eran las abrumadoras intervenciones artilleras con bombardeos terroríficos. Los soldados eran machacados con todo tipo de piezas artilleras, desde los pequeños morteros de trincheras, los cañones medios, como el extraordinario 75 mm francés, hasta los grandes obuses Krupp de 420 mm. En el último periodo de la Gran Guerra, la acción de la infantería y la artillería se vio complementada por la entrada en acción de los tanques y la aviación.

Durante ese conflicto, la I Guerra Mundial, las tácticas de la infantería cambiaron. Las cargas a la bayoneta y a pecho descubierto fueron paulatinamente abandonadas. Ahora, los soldados recurrían al apoyo artillero, y avanzaban reptando cubriéndose entre pelotones y utilizando su nueva potencia de fuego para neutralizar al enemigo. La efectividad y alcance de las nuevas armas eran tan elevadas que un puñado de soldados podía aniquilar una columna enemiga, así que los mandos se vieron obligados a intentar nuevas tácticas de ataque. No estaban preparados para ello, y por tanto el camino fue largo y penoso, hasta que a finales de la Gran Guerra los ataques combinados de artillería, aviación, blindados e infantería, encabezados por tropas con un poder de destrucción abrumador como las *stosstruppen* (tropas de asalto) alemanas, permitieron iniciar ofensivas con mayores garantías de éxito.

Durante el periodo de entreguerras, las innovaciones en cuanto a equipo de los combatientes fueron escasas. La novedad más importante la constituyeron los subfusiles, una especie de ametralladoras individuales capaces de disparar en ráfaga, de poco peso y fácil manejo. Usaban munición de 9 mm superior al calibre de los fusiles. Tenían un alcance y precisión limitados pero a cortas distancias proporcionaban una gran potencia de fuego. El primer artefacto de este tipo fue el Bergman de 1917, que conoció muy diversas versiones, entre ellas el popular «naranjero» de la Guerra Civil española. Destacó también la Thompson modelo 1921, popularizada en la lucha contra los *gangsters*. Al comenzar la II Guerra Mundial, ya en 1939, el equipo de los soldados no variará excesivamente de los que se habían utilizado durante el primer gran conflicto. Los fusiles mantuvieron unas tipologías similares, al igual que cascos y granadas. Los subfusiles proliferaron en cuanto a uso y tipologías. Los alemanes diseñaron la Schmeisser MP 38, los soviéticos la PSSH 1941 con cargador de tambor y los británicos la espectacular Sten 1941, un arma sumamente barata, fácil de montar y desmontar, que permitió armar masivamente a la resistencia antifascista. Hacia el final de la guerra, los alemanes incorporaron un arma revolucionaria que sumaba las mejores características del fusil y del subfusil. Se trataba del fusil de asalto Schemeisser MP 44. Tenía la precisión y el alcance de un fusil y la potencia de fuego de un subfusil. Su calibre era de 7,92 mm, pesaba 5,75 kg y disponía de cargadores de treinta balas. Las ametralladoras pesadas se combinaron con otras ligeras, como la Bren británica. Sin embargo, los alemanes lograron una magnífica generación de armas intermedias, las MG 32 y MG 42, de 7,92 mm, que podían dispararse con bípode, constituyendo una magnífica y

En esta fotografía se pueden apreciar los cambios que la
I Guerra Mundial supuso para la indumentaria y el armamento
de los soldados. Estas tropas británicas llevan máscaras antigás
en previsión del uso de armas químicas que pueda hacer el
adversario. El arma que están disparando es una ametralladora
Vickers, capaz de disparar más de quinientas balas por minuto.

móvil arma de apoyo. A su vez, la misma pieza montada sobre trípode se convertía en una ametralladora pesada. A lo largo de la II Guerra Mundial, la infantería incorporó algunas armas de apoyo como el Bazooka americano o el Panzerfaust alemán, que lanzaban granadas y eran especialmente útiles para atacar carros blindados.

La infantería tradicional se vio complementada por nuevas o recompuestas unidades como la infantería de marina o las nuevas fuerzas paracaidistas, a menudo utilizadas como infantería dotada de gran potencia de fuego. Por otra parte, el protagonismo creciente de la guerra móvil a remolque de los medios acorazados generó una nueva infantería montada en vehículos blindados, que marchaba junto a los tanques y constituía su principal apoyo.

Entre el hormigón y la trinchera

En las décadas de 1860 a 1880, se evidenció que la nueva artillería rayada y de retrocarga podía pulverizar todo tipo de construcciones defensivas, por masivas que estas fueran. Era inútil la construcción de fuertes y murallas, y muchas ciudades comenzaron a demolerlas para construir en su lugar bellos ensanches y jardines. Parecía que la época de las fortalezas había acabado. Las fortificaciones en activo o de nueva creación se mantenían o construían sin una real convicción. Sin embargo, la herencia de Vauban revivió a finales del siglo XIX cual ave fénix gracias a la aparición de nuevos materiales constructivos: varillas de hierro y acero, hierro de fundición y, sobre todo, el cemento. El hormigón armado que hermanaba en alianza indestructible hierro y cemento se revelaba como el nuevo material fortificador. Pronto cundió el espejismo: eran posibles nuevas defensas de hormigón capaces de desafiar a la artillería de nueva generación. Los alemanes se apresuraron a defender sus nuevas fronteras de 1871 en Alsacia y Lorena con fantásticas fortificaciones semisubterráneas a base de fuertes de cemento y torretas móviles de acero. Complejos como las fortificaciones de Estrasburgo o el fuerte del Kaiser Festen de Mutzig, muestran como la potencia industrial alemana apostó por construcciones defensivas subterráneas y futuristas, dotadas de precoces centrales eléctricas. Los franceses, a su vez, no se quedaron atrás y resucitando a Vauban impulsaron fuertes como el Douaumont, el de Vaux o los diversos del cinturón de Verdún. Sin embargo, el siguiente conflicto significativo, la I Guerra Mundial, se decidiría en las humildes trincheras. Aun así, el espejismo del hormigón continuaría con la construcción de la Línea Maginot, el Muro del Atlántico o la línea Sigfrido. La Guerra Ruso-japonesa, y concretamente el prolongado asedio de Port Arthur, que duró de febrero del 1904 a enero del 1905, avisó sobre lo duros que iban a ser los combates con intervención de ametralladoras, fortificaciones y trincheras. Pero los generales no lo tuvieron en cuenta.

La I Guerra Mundial comenzó como si la época de Malborough no hubiera acabado. Los generales pensaban en una guerra en la cual las nuevas fortalezas neo-vaubanianas de hormigón marcarían los puntos geoestratégicos de referencia. En paralelo, los ejércitos de infantería maniobrarían, marcharían y finalmente atacarían con contundentes cargas de bayoneta. A su vez, la caballería continuaría rompiendo frentes con imparables cargas o persiguiendo ejércitos en fuga.

Además, había nuevas armas, como las ametralladoras, que iban a contribuir a apoyar los esquemas clásicos, y cañones más potentes que iban a ayudar a dar brillantez al arte militar.

Los primeros meses de la I Guerra Mundial resultaron traumáticos por la gigantesca carnicería que provocaron las armas automáticas, y por el colapso de las tácticas de ataque de tradición napoleónica. El inicio de la guerra vio una movilización masiva de millones de soldados en un lapso brevísimo de tiempo, tal como los prusianos habían ensayado en la guerra de 1870. Las primeras semanas de agosto de 1914, protagonizadas por un avance alemán en todos los frentes, mostraron a las horrorizadas sociedades europeas que la guerra era otra cosa. La infantería francesa con sus uniformes rojo y azul cargó, y los coraceros con sus cascos estilo II Imperio también lo hicieron. Marcharon contra las ametralladoras Maxim y murieron, a centenares, a miles. A su vez, los alemanes que esperaban una marcha triunfal también quedaron segados por las modestas ametralladoras Hotchkiss. La ofensiva alemana, que parecía imparable, fue neutralizada en el río Marne en septiembre. En los dos meses siguientes se dio la alocada «Carrera hacia el mar», en la que los alemanes intentaron superar el flanco izquierdo aliado. Los sucesivos intentos de flanqueo acabaron en Bélgica, y a principios del 1915 la guerra se había estancado, a raíz del establecimiento de sucesivas líneas de trincheras. A partir de este momento, empezaba una guerra nunca vista en el planeta, donde las ametralladoras no eran un complemento sino el nuevo dios o la nueva enfermedad de la guerra. Los ejércitos tuvieron que enterrarse, para sobrevivir, en humildes trincheras cavadas directamente en el suelo. Y cuando las trincheras quedaron protegidas por ametralladoras y alambradas de espino, se convirtieron en invencibles.

Con todo, los generales porfiaron en la masacre, se negaban a entender la situación, no creían lo que veían e insistían. El primer día de la batalla del Somme, el 1 de julio de 1916, unos veinte mil soldados británicos murieron acribillados por las ametralladoras alemanas, y casi cuarenta mil más quedaron heridos. Un récord escalofriante. Las ametralladoras Maxim se convirtieron en el arma más letal de toda la historia de la humanidad. Sin embargo, los generales no aprendieron; la matanza continuó en Verdún, en Flandes, en Picardía... Los nuevos frentes resultaron inamovibles. La conjunción de alambradas, ametralladoras y trincheras lo resistía todo. Los generales se habían topado con una enfermedad militar que impedía desarrollar el arte de la guerra, y las soluciones no parecían fáciles. Las barreras de artillería podían destruir la primera línea de trincheras enemigas, pero cuando los atacantes iniciaban el ataque a la segunda, sin apoyo artillero, se veían incapaces de avanzar más y quedaban a merced del contraataque enemigo, que devolvía las cosas a su estado inicial. Finalmente alguien ideó cómo salir del atasco. Desde 1915, el teniente coronel británico Ernest Swinton pensaba en cómo sacar a los combatientes de los lodazales y la inmundicia. Imaginó un vehículo blindado que fuera capaz de desafiar las ráfagas de ametralladora y las alambradas, y dar apoyo a la infantería atacante más allá de la primera línea de trincheras enemigas. El proyecto se desarrolló en secreto. De hecho, los trabajadores de *William Foster & Co. Ltd.,* en la inglesa Lincoln, creían que estaban construyendo transportes de agua, «tanques», para Mesopotamia, y el nombre se

Soldados británicos en el frente del Somme, a mediados de 1916. Destacan sus cascos, que se usarían hasta pasada la II Guerra Mundial. Estaban específicamente diseñados para evitar que la metralla causada por la explosión de proyectiles artilleros hiriera al soldado en la cabeza.

mantuvo mientras se desarrolló el proyecto. Pero la denominación continuó y todavía hoy, en la mayor parte de países, a los carros de combate blindados se les llaman «tanques».

El 20 de noviembre de 1917, frente a Cambrai, 381 tanques británicos salieron de la niebla y aplastaron las trincheras alemanas. Fue una victoria esperanzadora, pero los tanques no fueron decisivos. Los británicos y los franceses los utilizaron puntualmente para apoyar a la infantería, y los alemanes pronto aprendieron a concentrar el fuego de su artillería contra los monstruos de acero. Los tanques fueron importantes, pero no decisivos. Algo parecido pasó con la naciente aviación, los aliados ganaron la supremacía aérea y ello contribuyó a erosionar el poder alemán, pero no provocó el derrumbe de los ejércitos imperiales.

La guerra acabó con un armisticio en 1918 por causas ajenas a los propios campos de batalla, puesto que la sociedad y la economía alemanas simplemente no pudieron aguantar por más tiempo el esfuerzo de la guerra. Los ejércitos se amotinaron, y el éxito de la Revolución Rusa hizo que miles de soldados y trabajadores alemanes iniciaran un movimiento revolucionario que obligó al kaiser Guillermo a abdicar. Los efectos del conflicto fueron inapelables, puesto que la guerra acarreó la destrucción de cuatro Imperios: el alemán, el austríaco, el ruso y el turco, y en toda Europa florecieron nuevas naciones. En Rusia, la pavorosa revolución proletaria puso sobre el tablero de juego europeo variables insospechadas. La revolución social era posible y probable, aunque hubiera fracasado en Alemania. El pánico al nuevo orden proletario provocaría la ascensión del fascismo en Italia, Alemania y España. La agresividad nazi vino a anunciar nuevos conflictos, o la continuación del mismo. Ahora los poderes alemanes buscarían su espacio vital e imperial en las anchas estepas rusas. En el intermedio estallaron otros conflictos, la dura Guerra de Abisinia, la pugna Chino-japonesa, la expansión nazi en Austria y Checoslovaquia y la terrible Guerra Civil Española, donde se libraron, a la vez, las últimas batallas de la I Guerra Mundial y las primeras de la segunda. En España hubo trincheras, pero también tanques y un uso masivo de aviones. Fue el preludio de la tormenta que arrasaría Europa y el mundo.

Durante los años veinte y treinta del siglo XX, la ilusión respecto a las expectativas de la fortificación se mantuvo, e incluso aumentó. Las experiencias de la I Guerra Mundial no habían servido de mucho. Franceses, belgas, holandeses, alemanes y suizos se apresuraron a fortificar sus fronteras con fuertes de hormigón, con la esperanza de hacerlas impenetrables. Sin duda, el proyecto más ambicioso fue el que desarrolló en Francia André Maginot a partir de 1929. En pocos años, se destinaron cantidades ingentes de recursos a las nuevas fortificaciones, que se extendían desde la frontera belga a los Alpes, cubriendo los accesos a Italia. La gigantesca iniciativa se denominó Línea Maginot y, en la víspera de la II Guerra Mundial, contaba ya con 46 grandes obras de artillería, 62 obras de infantería, 300 casamatas, 81 abrigos, 17 observatorios, zonas inundables, campos minados y de alambradas y sectores con obstáculos antitanque. Las fortificaciones eran espectaculares con cuarteles subterráneos, cocinas, hospitales, centrales eléctricas, filtros antigás e incluso líneas de pequeños trenes subterráneos. Toda una gama de nuevas y singulares armas especialmente adaptadas para la línea (cañones, morteros, ametralladoras...) fueron diseñadas para ser utilizadas *ad hoc* en los fuertes de cemento.

Sin embargo, cuando los alemanes atacaron Francia a mediados de 1940 la Línea Maginot apenas fue útil. Los alemanes rompieron el frente por la frontera belga, derrotaron a las divisiones francesas y británicas y se limitaron a rodear y asediar a los miles de soldados franceses que habían quedado atrapados esperando en sus madrigueras de la Maginot. Se evidenció el gran error estratégico de Francia. Una gran cantidad de recursos económicos se habían aplicado a unidades e instalaciones que apenas podían defender unos pocos kilómetros cuadrados. Y la gran inversión resultaba inútil si la guerra no se daba en ese lugar. Por otra parte, las armas expresamente diseñadas para quedar fijas entrañaban diversos riesgos, no solo por la imposibilidad de reubicarlas o retirarlas sino también por la posibilidad de que el sistema quedara anticuado en poco tiempo. Contrariamente, los alemanes invirtieron en potencia móvil, en fortalezas que pudieran desplazarse: construyeron tanques y organizaron divisiones blindadas. Francia mantenía una distribución extensiva de su fuerza militar dispersa y clavada en el territorio. No podían decidir, solo podían esperar el ataque del enemigo cuando pasara precisamente por ese lugar. Los alemanes podían concentrar el producto de sus inversiones, acumular grandes masas de tanques, artillería y aviación y descargar potentes ofensivas dónde y cuándo decidieran. En los inicios de la II Guerra Mundial la concepción estática de la guerra se vio superada por la visión dinámica de los alemanes: una guerra rápida y móvil que tenía su punto fuerte en las fuerzas acorazadas concebidas como fortalezas móviles que tenían lógica en si mismas. Naturalmente, los británicos y los franceses también tenían tanques, que de hecho eran mejores que los alemanes, y cuyo número no iba a la zaga de los que empleaban estos. Su fracaso fue táctico, utilizaron los tanques de manera conservadora y dispersa para apoyar a la infantería, pero los alemanes utilizaron la infantería para apoyar a los blindados.

A lo largo de la II Guerra Mundial, las líneas fortificadas fijas en base a reductos y búnkeres de hormigón proliferaron, pero en ningún caso protagonizaron resultados demasiado exitosos. Líneas de defensa como la Mareth en Túnez y la Sigfrido en la frontera franco-alemana consiguieron aguantar los ataques enemigos durante algún tiempo. Otras fortificaciones resultaron totalmente inútiles, como el fuerte belga Eben Emael, capturado por paracaidistas alemanes en 1940, las fortificaciones de Singapur, que cayeron después de un breve asedio japonés en febrero de 1942, y la isla de Corregidor, tomada asimismo por japoneses tres meses después. En estos asaltos se demostró que ninguna fortaleza podía resistir un ataque bien planeado y con suficiente apoyo aéreo. En prácticamente todos los casos, resultaron rodeadas o neutralizadas. Como en la I Guerra Mundial, el auténtico protagonismo de la fortificación lo tuvieron las construcciones de campaña: trincheras, nidos de ametralladora, posiciones artilleras en zanjas, campos minados y alambradas. En algunas batallas estas obras improvisadas tuvieron un protagonismo singular: Bir Hakeim y el Alamein, en el Norte de África; Kursk en el frente ruso, Tarawa e Iwo Jima en la guerra del Pacífico. En otras ocasiones, ciudades enteras, pueblos o ruinas se convirtieron en insospechadas fortificaciones difíciles o imposibles de conquistar, como

Fortificación de Schoenenbourg en la Línea Maginot alsaciana.
Esta línea de fortificaciones fue propulsada por el ministro de
defensa francés André Maginot en la década de 1920 para defender
el territorio francés de un potencial ataque alemán. Sus enormes
costes económicos se revelarían inútiles contra la guerra relámpago
que practicaron los alemanes en 1940 (AXH).

Breve historia de la guerra moderna

FRANCESC XAVIER HERNÀNDEZ CARDONA & XAVIER RUBIO CAMPILLO

en Leningrado, Stalingrado y Monte Casino. Sin embargo, la quimera de la muralla infranqueable se mantuvo, aunque a veces por razones eminentemente prácticas. La superioridad aérea que los aliados disfrutaron a partir de 1943 impidió que los alemanes dispusieran de sus fuerzas móviles a voluntad, y por tanto estos pretendieron levantar un Muro del Atlántico para impedir que los aliados intentaran reconquistar Francia. Ni tan siquiera el mariscal alemán Erwin Rommel pudo resistir la tentación de construir una muralla invencible. Rommel había conocido el fiasco de las líneas Maginot y Mareth y, sin embargo, apostó por una línea fija, que sumaba también fortificaciones de campaña para conjurar una posible invasión aliada en el norte de Francia.

Se destinaron gran cantidad de recursos para levantar el Muro del Atlántico pero las obras resultaron inútiles. Los aliados desembarcaron en un lugar bastante desguarnecido, en Normandía, el día 6 de Junio del 1944. No encontraron demasiada resistencia a excepción de la playa de Omaha y, más tarde, en la disputa por el casco urbano de Caen. En pocas horas el portentoso Muro del Atlántico, como antes la Línea Maginot, se convirtió en un montón de cemento absolutamente inútil. Paradójicamente, los aliados se estancaron a pocos kilómetros de las playas durante más de un mes, a causa de las defensas improvisadas de las tropas alemanas allí dispuestas, hasta que los ataques aéreos concentrados pulverizaron a las tropas de Adolf Hitler.

Contrariamente, las fortificaciones tuvieron un cierto éxito en cuando se aplicaron a la protección de refugios y almacenes. El ascenso de la guerra aérea motivó la creación de diversos tipos de refugios antiaéreos. Barcelona, una de las

El general alemán Erwin Rommel, famoso por sus victorias
en el Norte de África contra ejércitos aliados mucho más
numerosos. Rommel, que sufrió en este teatro de guerra el
acoso de la aviación aliada, decidió crear la Muralla del
Atlántico, ya que creía que sus blindados no podrían
contraatacar el desembarco a causa de la supremacía aérea
aliada. Los aviones estadounidenses y británicos destruirían
los tanques alemanes tan pronto como se pusieran en
movimiento, y por tanto una defensa estática en las playas
era, según él, la única posibilidad.

Desembarco aliado en Normandía, 6 de junio del 1944. Esta foto corresponde a tropas norteamericanas atacando la playa Omaha, el punto dónde los alemanes ofrecieron más resistencia. Se pueden apreciar al fondo los acantilados desde los cuáles el fuego alemán causó numerosas bajas a las primeras fuerzas de desembarco.

primeras ciudades atacadas por aire entre 1937 y 1939, en el marco de la Guerra Civil española, desarrolló una impresionante respuesta con la construcción de centenares de refugios bajo tierra, que permitieron proteger a la población de manera colectiva. En contraposición, en Londres se optó por la construcción de pequeños refugios en los patios y jardines de las casas mientras que en Berlín los refugios alternaban con los grandes búnkeres de varios pisos de altura. También se aplicó el hormigón de manera masiva para proteger determinadas bases o fábricas estratégicas. Los resultados de estas aplicaciones defensivas fueron en general satisfactorios. Las personas que pudieron guarecerse en los refugios salvaron la vida en un alto porcentaje. Por otra parte, complejos como la base de submarinos alemanes construida en La Pallice (Saint Nazaire, Francia), aguantaron todos los bombardeos que les lanzó la aviación aliada. La tradición de los refugios subterráneos se prolongaría más allá de la II Guerra Mundial, con la creación durante la Guerra Fría de refugios antiatómicos de carácter civil o militar.

Nuevas armas, nuevas tácticas

La I Guerra Mundial supuso el desarrollo vertiginoso de nuevas armas como los blindados. Los primeros tanques fueron verdaderos armatostes, como el Mark V, que pesaba 29 toneladas, tenía una tripulación de ocho hombres, montaba dos cañones de 57 mm y cuatro ametralladoras y circulaba a 8 km/h. Durante el periodo de entreguerras, los modelos se fueron depurando a partir sobre todo de la experiencia de los pequeños y versátiles carros Renault de 39 CV. Los soviéticos desarrollaron los prototipos más potentes, como el espectacular T-26 probado con éxito en la Guerra Civil española.

Los alemanes empezaron la carrera del tanque con retraso en cuanto a diseño de tipologías. Sus primeros *panzer* (blindados), el I y el II, eran artefactos muy limitados. Contrariamente, a nivel conceptual entendieron las posibilidades de la nueva arma para ser usada en masa más allá del apoyo directo a la infantería. Así, al comenzar la II Guerra Mundial, los tanques alemanes, los Pz I, II, III y IV, no eran superiores a los tanques franceses, británicos o soviéticos, pero el hecho de emplearlos en masa con apoyo de la aviación en un nuevo concepto de guerra móvil y relámpago, la *Blitzkrieg*, constituyó una novedad que les otorgó victorias estratégicas decisivas. Sin embargo, sus oponentes aprendieron pronto, y también generaron divisiones blindadas que en las estepas rusas, los desiertos norteafricanos, en Italia y Francia se opusieron a los tanques alemanes, consiguiendo el éxito gracias a la superioridad numérica. Los soviéticos desarrollaron muy buenos prototipos de tanques. El T-34 fue la columna vertebral de los tanques rusos; era un artefacto robusto, con un motor a prueba de averías y dotado de un poderoso blindaje y, lo que era más importante, se podía producir en masa.

Los aliados occidentales produjeron también, de manera masiva, el tanque Sherman.

Los alemanes reaccionaron desarrollando prototipos muy poderosos. El Pz V Panther y el Pz VI Tiger eran auténticos monstruos de acero. También resultaba impresionante el que fue uno de los tanques más poderoso y pesado de todos los tiempos, el Koenig Tiger. Sin embargo, los

Blindado T-26 soviético, usado por los republicanos durante la Guerra Civil Española. El Ejército Popular de la República dispuso de unos trescientos tanques ligeros de este tipo, muy superiores a las tanquetas italianas o los Pz I alemanes de los que disponía Franco. Con todo, la superioridad aérea proporcionada por la Aviación Legionaria Italiana y la Legión Cóndor alemana fueron el principal factor de la victoria fascista, mostrando lo que sucedería pocos meses después en la II Guerra Mundial.

alemanes perdieron demasiado tiempo ensayando y diversificando la producción. Sus modelos eran mejores, pero salían en escaso número de las fábricas y la calidad no era suficiente para contra-balancear las masas de blindados que generaban sus enemigos. Tal vez si se hubiesen dedicado a optimizar y producir en masa el Pz IV, el único que podía construirse en serie, y que en sus últi-mos prototipos podía competir con el T-34 y era superior al Sherman, hubiesen obtenido mejores resultados al disponer de divisiones blindadas más nutridas.

La construcción de tanques vino acompañada por la de diferentes tipos de blindados y, especial-mente, de aquellos que avanzaban junto a los tan-ques transportando a la infantería de apoyo, como los Half Track M3 estadounidense o los Sdkfz alemanes. A su vez, se desarrolló una artillería de apoyo y unos antitanques autopropulsados que po-dían acompañar a la infantería y a los blindados para suministrarles mayor poder de fuego frente a las defensas enemigas. Las batallas de tanques y otros blindados (transportes de tropas, antitanques, etc.) fueron determinantes en la guerra terrestre, pero conviene no olvidar que por primera vez decididamente esta se desarrolló en combinación con la guerra aérea.

Los primeros aviones de combate se desarro-llaron durante la I Guerra Mundial. Aliados y alemanes se disputaron el control de los cielos a partir, sobre todo, de 1917. Los biplanos actuaban apoyando directamente al ejército de tierra, lan-zando bombas, ametrallando posiciones e infor-mando sobre movimientos de las tropas enemi-gas. La capacidad de bombardeo fue muy limitada, ya que la capacidad de carga de bombas era escasa. Sin embargo, llegaron a construirse

T-34 soviético armado con cañón de 76 mm. Unía movilidad,
potencia de fuego y blindaje, y además era un
blindado robusto y fácil de fabricar. Se fabricaron 57 000
unidades que combatieron en todas las batallas del frente
ruso, desde Moscú y Stalingrado hasta Kursk y Berlín (AXH).

El tanque M4 Sherman estadounidense no estaba a la altura
de los mejores tanques alemanes, y su tendencia
a incendiarse le ganó el apodo de «Ronson» (una marca de
mecheros inglesa).

grandes bombarderos, y los alemanes ensayaron
incluso ataques contra Inglaterra utilizando apara-
tosos bombarderos y dirigibles Zeppelin. Los enfrentamientos entre escuadrillas, por otra parte,
fueron extremadamente sangrientos. Los alemanes dispusieron de buenos pilotos, como Manfred
Von Richthofen, el famoso Barón Rojo, que
obtuvo unas ochenta victorias. Sin embargo los
aliados consiguieron finalmente la hegemonía
aérea gracias a su mayor producción, y a la puesta
en servicio de buenas máquinas como el caza
Spad VII.

Tras la Gran Guerra, los aviones evolucionaron notablemente, y en poco tiempo surgieron
prototipos civiles y militares sorprendentes. En la
Guerra Civil española (1936-1939), los soviéticos
probaron sus nuevos cazas, los Polikarpov I-15 e
I-16, conocidos popular y respectivamente como
«Chatos» y «Moscas». Pero los alemanes también
experimentaron sus máquinas: el Messerschmitt

Hitler y el resto de dirigentes alemanes se obsesionaron con
la superioridad técnica cuando empezaron a perder la guerra.
Impulsaron el diseño y construcción de un tanque
gigantesco el Panzer VI B Koenig Tiger, un monstruo de
casi 70 t fabricado a partir de 1944. Tan solo se fabricaron
unos quinientos, número a todas luces insuficiente.

Bf 109; el Junkers Ju 87 Stuka o el bombardero
Heinkel He 111, entre otros. También los italianos
practicaron en medio del conflicto español con sus
propios prototipos. Fue la Guerra Civil española
por tanto un ensayo general para las grandes batallas aéreas, sobretodo en el frente del Ebro,
precursoras de lo que acaecería en corto término.

Los alemanes fundamentaron la *Blitzkrieg* en
base a un dominio y apoyo aéreo táctico, y con tal
fin diseñaron sus aviones. Los bombarderos medios convencionales, como el bimotor Heinkel
111, atacarían durante la II Guerra Mundial aero-
puertos y objetivos en la retaguardia, mientras
bombarderos en picado, como el Stuka o el
Junkers Ju 88, abrían camino directamente a los
tanques, destrozando las fuerzas enemigas a modo
de artillería móvil. En paralelo, los Messerschmitt
Bf 109 vigilaban el cielo y protegían los bombarderos. Este ariete terrestre y aéreo pulverizó Polonia en 1939, Holanda, Bélgica y Francia en 1940,

Una de las piezas artilleras más famosas de la II Guerra
Mundial, el 88 mm alemán. Esta pieza cumplía una doble
función como antiaéreo y antitanque, dando excelentes
resultados en el Norte de África. Fueron antitanques como
estos, además de la aviación, los elementos que confirmaron
que los blindados no eran un arma decisiva por ellos
mismos; necesitaban apoyo aéreo, infantería y artillería para
poder penetrar en las líneas enemigas (AXH).

Réplica del triplano Fokker DR.I pilotado por el Barón Rojo.
Este piloto alemán apenas tenía veintidós años al empezar la
guerra, e ingresó en el arma aérea desde la caballería. Como
muchos ases de la I Guerra Mundial, murió en combate.

los Balcanes y Grecia en 1941, y también tuvo
una primera fase de éxito contra la Unión Soviética durante la Operación Barbarroja durante el
verano del mismo año. Sin embargo, los alemanes
fracasaron al intentar el control aéreo de los cielos
ingleses, en la llamada batalla de Inglaterra que se
desarrolló entre el verano y el otoño de 1940. No
habían contemplado la necesidad de construir un
arma aérea estratégica capaz de golpear retaguardias enemigas alejadas. Sus aviones de bombardeo
fueron incapaces de dejar fuera de combate los
aeródromos británicos. Por otra parte, los cazas
tampoco tenían autonomía suficiente como para
proteger los bombarderos. A su vez, los británicos
sí disponían de buenos cazas como el Supermarine
Spitfire y el Hawker Hurricane, que destrozaron a
los bombarderos alemanes. También contribuyó a
la derrota alemana en la batalla de Inglaterra un
error estratégico importante, cuando la aviación de
guerra alemana, la Luftwaffe, dejó de bombardear

las bases aéreas militares para atacar objetivos civiles para doblegar a la población. Ello permitió rehacerse a la Fuerza Aérea Británica, la RAF, que acabó barriendo definitivamente a los alemanes del cielo de Inglaterra.

A partir de 1942, con los Estados Unidos incorporados a la causa contraria al Eje Roma-Berlín-Tokio, los aliados procedieron a crear un arma aérea estratégica. Se construyeron centenares de bombarderos cuatrimotores como el Avro Lancaster o el Boeing B-17, la famosa «Fortaleza Volante», que atacaron masivamente las fábricas y las ciudades alemanas. Los resultados no fueron los esperados. Ni la matanza de civiles en las ciudades ni la destrucción de fábricas consiguieron resultados determinantes. La tecnología alemana intentó responder con nuevos modelos como el caza a reacción Messerschmitt 262, pero el artefacto llegó tarde y en un número demasiado escaso como para generar resultados relevantes. Sin embargo, la presión aérea aliada acabó asfixiando al ejército alemán en todos los frentes.

La suerte de la guerra se decidió en Rusia, ya que allí se libraron los combates más violentos y masivos. Durante 1944 y 1945, cuatro de cada cinco soldados alemanes defendían ese frente. La superioridad de fuerzas aliadas en todos los frentes, en conjunción con la supremacía aérea y naval estratégica, permitió a los ejércitos aliados frenar los avances alemanes en Moscú (1941), El Alamein (1942) y Stalingrado (1942-1943). Seguidamente las tropas de Hitler fueron derrotadas y obligadas a retirarse en Kursk (1943), Normandía (1944) y las Ardenas (1944-1945), acabando la guerra contra el nazismo con la captura soviética de Berlín (1945). En este contexto, la aviación se reveló como un arma determinante en una guerra convencional, tanto a nivel táctico como estratégico.

También el dominio estratégico de los mares permitió la victoria aliada en ambas guerras mundiales. En los tiempos previos a la Gran Guerra se había desarrollado una nueva generación de acorazados, los llamados Dreadnoughts, que distribuían su artillería en cuatro torretas blindadas móviles, lo que les permitía disparar en todas direcciones y, gracias a los nuevos telémetros, ajustar el tiro. Estos acorazados estaban apoyados por cruceros, destructores y torpederos, pero lo que los hacía fuertes era el calibre de sus grandes cañones. Durante los dos primeros años de la I Guerra Mundial, la flota alemana no se atrevió a desafiar a la todopoderosa armada británica. Cuando lo hizo, en Jutlandia (junio de 1916) fue rechazada a pesar de las graves bajas que infringió en los británicos, y obligada a quedarse en sus puertos hasta el final de la guerra. Gracias a su total hegemonía, los británicos pudieron transportar todo tipo de recursos desde distintos lugares de su Imperio y desde los Estados Unidos. Los alemanes intentaron sabotear el transporte marítimo británico usando, por primera vez y de manera masiva, el submarino torpedero.

Los torpedos se habían desarrollado a partir de 1864. El primer buque submarino que lanzó un torpedo fue el del ingeniero y marino español Isaac Peral, en 1890. En 1904, los franceses construyeron submarinos de guerra operativos con motor Diesel. Los alemanes llevaban un cierto retraso pero una vez iniciada la Gran Guerra procedieron a toda prisa a fabricar submarinos. Eran las únicas naves que podían sortear el bloqueo naval británico. Los submarinos atacaron todo tipo de buques intentando yugular el abastecimiento de

El bombardero estratégico B-17 estadounidense, conocido como «La Fortaleza Volante». La producción de miles de aviones como este fue uno de los factores esenciales de la derrota alemana. Su uso no estuvo exento de problemas, puesto que en 1942 y 1943 los aliados no disponían de cazas con suficiente alcance para darles escolta hasta el corazón de Alemania, sufriendo los B-17 numerosas bajas a causa de los expertos pilotos de caza alemanes.

los aliados. Ya durante la II Guerra Mundial, pasó algo parecido. La flota alemana y la italiana, muy inferiores a la británica, pronto quedaron arrinconadas. Tras el hundimiento del acorazado Bismarck (1941), los movimientos de la flota de superficie alemana fueron mínimos. Por el contrario, los submarinos se mostraron activos y en las llamadas *manadas de lobos* atacaron duramente los convoyes de transporte aliados, pero no llegaron a cercenar sus comunicaciones. Pero, la utilización de nuevos medios de detección como el sónar, los aviones antisubmarinos y los destructores acabó infringiendo duras pérdidas al arma submarina alemana.

No obstante, el gran protagonista de la guerra naval durante la II Guerra Mundial no fue ni el submarino ni el acorazado. La novedad fue el portaaviones. Los primeros portaaviones se desarrollaron a finales de la I Guerra Mundial. El *HMS Furious*, pensado como crucero de batalla, entró en servicio como portahidroaviones en 1917. Un año más tarde, se le colocó una cubierta de vuelo y se convirtió en el primer portaaviones digno de tal nombre. En el periodo de entreguerras, británicos, estadounidenses y japoneses construyeron numerosos portaaviones. Teniendo como precedente el ataque aeronaval británico a la flota italiana en Tarento del 11 de noviembre del 1940, el ataque japonés a la base estadounidense de Pearl Harbour, en Hawai, el 7 de diciembre de 1941, se realizó por parte de aviones embarcados en 6 portaaviones. Numerosos acorazados norteamericanos resultaron destruidos. La hegemonía del portaaviones había comenzado. A partir de aquel momento, la guerra naval del Pacífico la decidieron los portaaviones. Gracias al desciframiento de los códigos japoneses, los estadounidenses pudieron evitar la conquista de la isla de Midway por los japoneses, hundiendo de manera fulminante 4 de los portaaviones enemigos en junio del 1942.

Por su parte, los acorazados pasaron a la historia, escuadrillas de aviones torpederos o de bombardeo en picado acabaron con monstruos acorazados del tamaño del *Bismarck*, el *Arizona*, el *Prince of Wales* o el *Yamato*. Comenzaba un nuevo periodo, el de la guerra aeronaval.

LA GUERRA TOTAL

El desarrollo científico y tecnológico de las sociedades industriales generó cambios culturales que también afectaron a los ejércitos y a la manera de comprender y plantear la guerra. Hasta principios del siglo XX, las innovaciones en el campo armamentístico se habían dado de manera automática a partir de pequeñas iniciativas particulares. Determinadas producciones o armas inventadas por un particular o generadas por una empresa acababan entrando en el mercado que distribuía su uso entre los ejércitos interesados. Así, los artefactos de Colt o Mauser habían pasado del campo más o menos civil al militar. A partir de la I Guerra Mundial, se operó un giro copernicano ya que, por primera vez, el Estado se volcó en la investigación y en la innovación armamentística. Ya no eran artesanos o empresarios quienes fortuitamente o a partir de la experiencia empírica desarrollaban un determinado producto. Ahora, el Estado movilizaba científicos con la colaboración, o no, de las grandes empresas para que desarrollaran conscientemente la industria de la muerte a gran escala. El caso más singular fue el de la industria química alemana, reclutada para investi-

Portaaviones americano Enterprise en la campaña
del Pacífico. Este famoso buque estuvo presente en
la mayoría de los combates aeronavales entre Japón y Estados
Unidos, incluida la batalla del Mar del Coral (mayo de 1942)
en la que se paró el avance japonés, la decisiva batalla de
Midway (junio de 1942), los combates por Guadalcanal
(1942), las batallas del Mar de las Filipinas y el
Golfo de Leyte (1944) y los desembarcos finales
en Iwo Jima y Okinawa (1945).

gar y producir gases tóxicos. Y, efectivamente, los inicios de esta nueva arma fueron sencillamente escalofriantes. Igualmente, los aliados movilizaron sus mejores científicos y tecnólogos y los aplicaron a la producción. Por primera vez, la ciencia iba a la guerra para generar armas, explosivos, aviones, ropas, etc. A partir de ese momento y durante todo el siglo xx la investigación punta, los máximos esfuerzos de investigación o las mayores inversiones se iban a destinar precisamente a la industria de la guerra, y los logros de la industria de la guerra se iban a reaplicar, en el mejor de los casos y de manera desigual, en el campo civil. La investigación armamentística pasaba a convertirse en la punta de lanza del desarrollo tecno-científico de la humanidad, en el objeto y sujeto de la historia, y eso constituía una pavorosa novedad.

Lógicamente, esta tendencia iniciada con la I Guerra Mundial se mantuvo después de este conflicto. Los estados y las grandes empresas de armamento crearon intereses compartidos y una simbiosis extrema. El resurgimiento de Alemania durante la década de 1930 no fue ajeno a una dinamización económica impulsada a partir de las industrias de guerra privadas, que generaron productos que finalmente se intentaron rentabilizar a partir de su utilización. En el periodo de entreguerras, los estados se armaron hasta los dientes, entrando en una carrera vertiginosa para producir artefactos bélicos cada vez más eficientes.

Con el inicio de la II Guerra Mundial, la movilización científica se acrecentó. La pugna entre los contendientes también fue una pugna entre sus equipos científicos. En el bando alemán, se ensayaron artefactos revolucionarios en el campo de la cohetería, los aviones a reacción y los biocombustibles. Los soviéticos, a pesar de partir de una tradición científica más limitada, lograron éxitos tecnológicos indiscutibles por prácticos, como el blindado T-34. A su vez, los aliados desplegaron una extraordinaria actividad tecno-científica que contribuyó de manera decisiva a la obtención de la victoria. En este sentido, el desarrollo de armamento atómico fue determinante para sellar la hegemonía de los Estados Unidos. Pero también fue importante el desarrollo de la aviónica (la electrónica aeronáutica), del radar y del sistema de organización del trabajo en serie en fábricas y astilleros. Cabe recordar que, por término medio, los estadounidenses fueron capaces de construir un buque carguero Liberty en cuarenta días, convirtiéndose estos esenciales transportes en uno de los símbolos de la potencia industrial americana y fabricándose más de 2 700 entre 1941 y 1945.

Todo tipo de científicos y tecnólogos participaron en el esfuerzo aliado, incluidos los criptógrafos que desvelaron particularidades de los sistemas de comunicación alemanes y japoneses. Pero también la investigación científica y tecnológica colateral acabó teniendo un marcado desarrollo vinculado a los hechos bélicos. Así, el desarrollo de los antibióticos y singularmente de la penicilina fue un arma secreta para los aliados que contribuyó a salvar la vida de miles de sus soldados. Igualmente, en el contexto de la guerra se experimentaron progresos e innovaciones de todo tipo, desde el desarrollo de los plásticos a la invención del bolígrafo pasando por las camisetas tipo *shirt* o los vehículos todo terreno. Por encima de todos ellos destaca la radio portátil que, llevada en la espalda por un soldado, permitió la comunicación entre el frente y la retaguardia. Así, la radio fue una de las diferencias más importantes entre ambas guerras mundiales, puesto que era posible obtener apoyo de fuego en cualquier momento, y los ejércitos podían aprovechar los errores enemigos con celeridad. La inercia de la industria de guerra como motor tecno-científico se mantendría incólume durante los años de la Guerra Fría, y prácticamente hasta el advenimiento de la sociedad post-industrial a finales del siglo xx.

La movilización bélica del científico era un indicador de un nuevo tipo de guerra absolutamente total. La nueva Guerra de los Treinta Años pronto superaría en cuanto a brutalidad y totalidad a su precedente del siglo XVII. Durante el siglo XVIII y XIX, y en términos relativos, las guerras no se habían cebado sobre la población civil. A partir de la I Guerra Mundial, hubo ya un marcado cambio. La guerra pasaba a ser total, y el aniquilamiento del adversario se entendía como destrucción física de combatientes y no combatientes. Así, el uso masivo de gases, de artillería, de bombardeos aéreos y torpedeo de buques de pasajeros eran indicadores de una nueva época. Sin embargo, en esta ocasión fueron los límites tecnológicos los que acotaron la barbarie. La I Guerra Mundial se estancó en las trincheras y afectó relativamente poco a las retaguardias.

Tras el conflicto mundial de la década de 1910, el brutal genocidio armenio, sumado a las matanzas de la guerra en Rusia, fueron precedentes de lo que iban ser los nuevos conflictos. La guerra de conquista italiana de Abisinia (1935-1936), la invasión japonesa de territorio chino (1937-1941) y la Guerra Civil española (1936-1939) constituyeron nuevos avisos. El bombardeo de Gernika, los bombardeos de Madrid y el asalto aéreo a Barcelona indicaban que la población civil también pasaba a ser objetivo militar a pesar de las indicaciones de la convención de Ginebra.

La II Guerra Mundial comenzó y acabó como una guerra total. El desarrollo tecno-científico no frenó la expansión del conflicto al ámbito civil, sino que lo potenció. El régimen nazi generó la anticultura de la barbarie planificando el exterminio de etnias y pueblos enteros (judios y gitanos), así como de disidentes políticos alemanes y de los de países ocupados. La promoción de una industria de la muerte a partir de campos de concentración y exterminio constituyeron, sin duda, la más alta expresión de crueldad generada en un contexto de conflicto. Por otra parte, las matanzas de civiles también proliferaron a expensas del régimen estalinista soviético, que practicó aniquilaciones y deportaciones masivas, e igual hicieron los japoneses en Corea y China. Por lo que respecta a las matanzas militares sobre civiles, hay que decir en suma, no obstante, que todos los contendientes las practicaron a conciencia. Los alemanes realizaron bombardeos masivos contra Rotterdam, Inglaterra, Belgrado, etc. A su vez, los aliados respondieron con escalofriantes ataques. La fuerza aérea estadounidense atacó los territorios controlados por los alemanes con bombardeos masivos diurnos de precisión que tenían como objetivo destruir las fábricas y el potencial económico y productivo alemán. A su vez, los británicos se especializaron en ataques nocturnos masivos e indiscriminados contra las ciudades alemanas que tenían como objetivo provocar el pánico y causar la desmoralización de la población civil, con una destrucción nunca vista hasta ese momento. Ciudades como Hamburgo y Berlín sufrieron bombardeos terribles que provocaron centenares de miles de víctimas civiles. Especialmente emblemático fue el ataque a Dresde, en el curso del cual la ciudad fue borrada del mapa y con ella veinticinco mil de sus habitantes. Tokio tampoco escapó al castigo aéreo. El bombardeo más terrorífico de toda la historia de la humanidad fue el que sufrió Tokio el 9 de marzo de 1945. Una tempestad de fuego aniquiló a más de cien mil personas, un numero de bajas superior al que provocaron los ataques atómicos.

Finalmente, el colofón a la guerra total marcó el final de la II Guerra Mundial: el lanzamiento de bombas atómicas sobre Hiroshima y Nagasaki. Las dos ciudades japonesas quedaron totalmente destruidas. El bombardeo fue disuasorio, Japón capituló sin condiciones. Al precio de miles de víctimas civiles, los estadounidenses se ahorraron una sangrienta campaña de conquista en las islas japonesas que ya había tenido sus precedentes en Okinawa, y dejaban claro al resto del mundo, particularmente a la Unión Soviética, que tenían un arma superior a todo lo que se había usado hasta ese momento.

Tras los bombardeos atómicos, el concepto y la praxis de la guerra total quedaban plenamente consolidados y serían el eje estructurante de la nueva Guerra Fría que atenazaría al planeta en las siguientes décadas.

6

Equilibrio nuclear, desequilibrio global (1946 - 2001)

UNA NUEVA FORMA DE GUERRA: «LA GUERRA FRÍA»

Finalizada en 1945 la II Guerra Mundial, el armamento nuclear desarrollado por los estadounidenses, y también por los soviéticos a partir de 1949, definió un nuevo periodo político y bélico. La Unión de Repúblicas Socialistas Soviéticas (URSS, en ocasiones también llamada Unión Soviética) y los Estados Unidos, las nuevas potencias emergentes y rivales, procedieron a disputarse el control del planeta. El poder de las nuevas armas limitó los grandes conflictos directos, pero los conflictos territoriales y a pequeña escala proliferaron como nunca. En el marco de este nuevo tipo de enfrentamiento las potencias imperialistas abandonaron el dominio directo de sus colonias, si bien a menudo la emancipación se impuso por la fuerzas de las armas. El forcejeo por el control de territorios, recursos y espacios geoestratégicos fue constante y estimuló de manera directa guerras y conflictos. Finalmente, tras cuatro décadas de competencia, el coloso soviético se desplomó cuando el siglo XX llegaba a su fin: no pudo competir con el desarrollo tecnocientífico de Occidente aplicado al sector militar. La Iniciativa de Defensa Estratégica estadounidense, conocida popularmente como «*Star Wars*» (en español, como la película, «Guerra de las Galaxias», nombre que debe relacionarse con los contemporáneos films de ciencia ficción de George Lucas), impuso finalmente la definitiva hegemonía tecnológica y militar occidental. Todo aquel periodo marcado por la denominada «Guerra Fría» tuvo sus prolegómenos en la nueva posguerra de 1945, aflojó con la caída del Muro de Berlín en 1989 y finalmente generó una herencia de nuevos conflictos que tuvieron su eclosión en el atentado de las Torres Gemelas de setiembre de 2001.

Tras la rendición de Alemania y Japón, las grandes potencias triunfantes de la II Guerra Mundial intentaron dialogar sobre el futuro. En las conferencias de Yalta y Potsdam, de febrero y del verano de 1945 respectivamente, se diseñó el reparto de zonas de influencia. El territorio alemán fue dividido en cuatro zonas de ocupación, que quedaron bajo responsabilidad de las cuatro potencias: Unión Soviética, Estados Unidos, Reino Unido y Francia. En el reparto de Europa, la zona oriental quedó bajo tutela soviética con la excepción de Finlandia, Austria y Grecia. En la Europa occidental, se restablecieron regímenes democráticos en Francia, Holanda, Bélgica, Dinamarca, Noruega e Italia, en un equilibrio sumamente complejo ya que los movimientos de izquierda y los partidos comunistas, que habían protagonizado un papel importante en la resistencia, tenían mucha fuerza. La situación era peligrosa desde el punto de vista anglo-norteamericano, puesto que existía la posibilidad de que un gobierno de izquierdas, o incluso comunista, pudiera llegar al poder en Italia o Francia por la vía democrática.

Por lo que respecta a España, británicos y norteamericanos toleraron la dictadura de Franco. Propiciar su substitución por un régimen democrático hubiese podido inclinar al país hacia posiciones de izquierdas que no interesaban en aquellos momentos de pugna con la URSS.

Los soviéticos implantaron por su parte regímenes afines en los territorios bajo su control, y tratar de impedirlo hubiese supuesto una nueva guerra de alto coste humano, con o sin uso de armamento nuclear. En la medida que la situación de tensión se definía, los Estados Unidos asumían una posición dirigente y se mostraban confiados frente a posibles conflictos, ya que tenían el monopolio de la fuerza atómica. Pensaban que la tecnología soviética sería incapaz de producir artefactos atómicos o que si lo hacía tardaría años en conseguirlo. Sin embargo, la carrera técnica y científica para generar nuevas armas no se detuvo con el fin de las hostilidades. Más bien al contrario se entendía que, antes o después, habría un choque entre las dos potencias emergentes que debía preverse. Tras la derrota de Hitler se procedió a la caza y captura de científicos y técnicos alemanes por parte de norteamericanos y soviéticos. Muchos fueron localizados e «invitados» a colaborar con una u otra potencia. Con la operación «Paperclip», los estadounidenses consiguieron captar 765 científicos alemanes, algunos de ellos colaboradores del nazismo. Su incorporación a los Estados Unidos sin trámites de inmigración fue automática y sus antecedentes y responsabilidades quedaron borrados. Franceses, británicos y soviéticos también procedieron a captar cerebros alemanes. Parece que los soviéticos trasladaron a su territorio más de 6 000 científicos y técnicos especializados para utilizarlos en sus proyectos estratégicos.

Los alemanes habían desarrollado poderosas armas que las nuevas potencias deseaban incorporar y desarrollar: la cohetería, los aviones a reacción, los submarinos de última generación, los antitanques, los fusiles de asalto automáticos, los combustibles sintéticos... Wernher Von Braun, que había creado los misiles V2, fue uno de los objetivos principales. Los soviéticos estuvieron a punto de capturarle, pero finalmente acabó en manos norteamericanas. De hecho fue el gran impulsor de la victoriosa carrera espacial estadounidense que culminó con el primer alunizaje humano en 1969. A su vez, la cohetería soviética contó con el apoyó de Helmut Groettrup, buen conocedor de las V2, que encabezó un equipo de casi trescientos científicos alemanes incorporados al programa espacial soviético.

Mientras tanto, se fue creando una trama de organizaciones, alianzas o pactos, a diferentes niveles, que contribuyeron a estructurar los espacios políticos del mundo de posguerra: en el mismo año de finalización de la II Guerra Mundial, 1945, se fundó la Organización de las Naciones Unidas (ONU). El 4 de abril de 1949 se firmó en Washington un pacto militar entre los países occidentales: la Organización del Tratado del Atlántico Norte (OTAN). Los soviéticos respondieron en 1955 con la creación de una alianza militar con sus satélites: el Pacto de Varsovia.

Conferencia aliada en Yalta ocurrida en 1945. De izquierda
a derecha aparecen Winston Churchill, primer ministro del
Reino Unido, Franklin D. Roosevelt, presidente de los
Estados Unidos, y Josef Stalin, líder de la Unión Soviética.
En estas conversaciones entre los tres líderes se decidió el
reparto de Alemania y de Europa una vez finalizada
la II Guerra Mundial, así como buena parte del futuro
del mundo en las décadas siguientes.

La tensión creciente entre los Estados Unidos y la URSS tuvo sus motivaciones en la pugna por el control de Europa y en el alud de revoluciones comunistas que se producían en China, Vietnam y Malasia. Pero la fricción llegó al punto máximo cuando la URSS consiguió desarrollar armamento nuclear en 1949, mucho antes de lo que habían supuesto los técnicos occidentales. De esta manera se configuró, entre las dos superpotencias ya confirmadas, un estado de tensión bélica permanente conocido como Guerra Fría.

En el nuevo escenario mundial bipolar, se produjeron hechos que contribuyeron a su radicalización. En Asia, ya en 1949, después de una brutal guerra civil, los comunistas de Mao Zedong triunfaron en China. Poco después, entre 1950 y 1953, se desarrolló la Guerra de Corea. En este país, tras la marcha de los japoneses se habían creado dos estados, el del norte filo-soviético, y el del sur bajo tutela estadounidense. Las disputas fronterizas degeneraron en guerra abierta, y los Estados Unidos y la ONU intervinieron masivamente para ayudar a Corea del Sur. Mientras esto sucedía, Indochina se convertía en un polvorín en rebelión total contra el colonialismo francés. Paralelamente, en el escenario europeo también crecía la tensión. En junio de 1948, los soviéticos habían bloqueado la zona occidental de Berlín, que tuvo que ser abastecida mediante un puente aéreo. Los soviéticos también tuvieron problemas en su área de influencia, ya que hubo sublevaciones populares en Berlín en 1953, en Polonia durante 1956 y, sobretodo, la gran rebelión de Hungría ocurrida en 1956.

La Guerra Fría propició una vertiginosa carrera de armamentos entre las dos potencias atómicas, a las cuales se sumaron el Reino Unido, Francia y China. Se desarrollaron misiles balísticos intercontinentales y se ensayaron bombas más potentes, como las de hidrógeno, implementadas por los estadounidenses en 1954 y por los soviéticos en 1955. Así, esta política de bloques enfrentados a nivel mundial tuvo como consecuencia la génesis de un nuevo concepto de guerra estratégica y global, que podía estallar en cualquier momento y que se desarrollaba con lógicas independientes de los conflictos convencionales, utilizando además el máximo esfuerzo científico y tecnológico. La posibilidad de la guerra total pasaba a condicionarlo todo, incluso los límites de los conflictos tradicionales. Ciertamente, una guerra limitada tenía posibilidades de volver a desarrollarse en territorios europeos o en cualquier lugar del planeta, pero lo verdaderamente determinante a partir de ahora iba a ser el posible enfrentamiento nuclear utilizado indistintamente como arma de disuasión o de agresión. Y solo podía usarse como arma de disuasión si era posible y veraz su uso eficaz como arma de agresión. Por tanto, los principales esfuerzos fueron enfocados a desarrollar armas estratégicas que fueran capaces de aplastar y triturar al enemigo. De manera automática, los objetivos principales para los estadounidenses fueron las ciudades de la URSS, y las ciudades de la Europa Occidental y norteamericanas para los soviéticos. El problema radicaba en transportar un ingenio atómico hasta estos probables blancos.

La lógica de la Guerra Fría era terrible ya que, como respuesta a cualquier tensión, podía haber la tentación de atacar primero con la esperanza de liquidar la capacidad de respuesta del adversario. Los analistas norteamericanos, encabezados por el matemático John von Neumann, utilizaron profusamente la teoría de juegos, y los juegos de simulación, para imaginar desarrollos teóricos de conflictos, y llegaron a la conclusión de que, en caso de enfrentamiento nuclear, difícilmente había posibilidades de victoria. Esa incertidumbre contribuyó, de manera contradictoria, a mantener la paz.

LA HORA DE LOS MISILES

De acuerdo con las nuevas tecnologías y en función de las necesidades de guerra atómica intercontinental marcadas por la Guerra Fría, los dispositivos de agresión y disuasión nuclear se organizaron en cuatro niveles.

En primer lugar, los bombarderos estratégicos. Los norteamericanos desarrollaron, desde 1949, bombarderos de largo alcance que eran capaces de volar a alturas superiores a la del resto de aviones y que, por tanto, eran inalcanzables para los cazas soviéticos. Estos modelos de bombarderos, como el B-36 Peacemaker, tenían como misión transportar armamento nuclear y destruir los principales objetivos soviéticos. El B-36 fue relevado por el reactor B-52 Stratofortress, que entró en servicio en 1954. Tenía una autonomía de 16 000 km, y podía volar a 1 000 km/h. Contrariamente, los soviéticos tardaron en disponer de un avión con capacidad suficiente para atacar Norteamérica, y no lo consiguieron hasta 1955, cuando entró en servició el turborreactor Tupolev Tu-95 «Bear», con una autonomía de vuelo de 15 000 km. A su vez, los británicos también dispusieron de un bombardero estratégico desde 1953, el Avro Vulcan.

El segundo nivel de disuasión y agresión quedó compuesto por los cazabombarderos de alcance medio o táctico, que desde las bases que mantenían los Estados Unidos en Europa, Japón y Corea podían alcanzar territorio soviético. Complementando estas bases, se sumaban las bases móviles compuestas por la flota de portaaviones estadounidenses, unos doce siempre en activo, dotados igualmente con cazabombarderos. Aparatos como el F-105 Thunderchief (1955); el F-4 Phantom (1960); el F-111 (1964) o el F-18 Hornet (1978) cumplieron constantes misiones de patrulla, cargados con armamento nuclear y listos para atacar en cualquier momento. Estos aparatos también podían intervenir directamente, a nivel táctico y con armamento nuclear, contra cualquier ataque convencional.

En paralelo, los soviéticos organizaron dispositivos similares, pero sus cazabombarderos solo podían alcanzar la Europa occidental. Por tanto, durante toda la Guerra Fría la numerosa y costosa flota de portaaviones estadounidenses dio a la OTAN una superioridad estratégica manifiesta, dada su capacidad de desplazarse rápidamente por todo el globo en misiones de muy diversa índole. Los soviéticos llegaron a acumular un mayor número de aviones de combate, pero en calidad y localización estratégica las fuerzas de la OTAN siempre fueron superiores.

El tercer nivel de enfrentamiento estratégico lo componían los misiles, intercontinentales y los de alcance medio y tácticos. Se desarrollaron a partir de la ingeniería que los alemanes habían ensayado con las V2. Los ICBM (*Inter-Continental Ballistic Missile*) utilizaron la tecnología obtenida en la carrera espacial. Momentáneamente los soviéticos consiguieron la delantera con los misiles R-7, probados en diciembre de 1959. Podían alcanzar con cierta precisión objetivos a 12 000 km con una carga útil de 5 370 kg. La ojiva nuclear que se había probado en Nueva Zembla en 1958 tenía un rendimiento estimado de 2,9 megatones (megatoneladas de TNT). Los norteamericanos respondieron con el Atlas que podía alcanzar 16 000 km y con una potencia destructora de 4 megatones.

A lo largo de las décadas de 1960 y 1970, los R-7 y Atlas fueron substituidos por artefactos más potentes cada vez más precisos y se generó una situación de empate técnico. Desde territorio soviético había numerosos silos que apuntaban a Estados Unidos y Europa y a la inversa. Los soviéticos intentaron ubicar bases cerca de los Estados Unidos, y concretamente en Cuba en 1962, para contrarrestar los silos americanos instalados en Turquía. La firme respuesta estadounidense les obligó a desistir, a cambio de la retirada de misiles del territorio turco.

Se calcula que a principios de la década de 1980, la URSS contaba con 2.384 misiles nucleares estratégicos y los Estados Unidos con 1.628, cantidad suficiente para asegurar la destrucción de todos los humanos. Sin embargo, afortunadamente, el alcance y precisión de los misiles jamás pudo llegar a demostrarse.

Los misiles balísticos intercontinentales de largo alcance se complementaron con variadas panoplias de misiles de corto y medio alcance, operativos desde lanzadoras terrestres o marítimas, los IRBM (*Intermediate Range Ballistic Missile*) y los SRBM (*Short Range Ballistic Missile*). Los denominados misiles de crucero fueron experimentados por ambas potencias. De hecho, eran aviones subsónicos no tripulados que volaban a baja altura para no ser localizados y podían ser lanzados desde transportes terrestres, barcos

Un caza norteamericano embarcado F-14 Tomcat vigila a un
bombardero estratégico soviético Tu-95 «Bear». Este tipo de
tensos encuentros entre aviones de las dos superpotencias era
habitual durante la Guerra Fría, cuando ambos países
intentaban demostrar su supremacía militar al resto del mundo.

o aviones. Su tecnología culminó a finales del
siglo XX con los norteamericanos BGM-109
Tomahawk.

El cuarto nivel de agresión y disuasión se
generó a partir de una nueva concepción del arma
submarina. Para aumentar sus expectativas sobre
los potenciales territorios enemigos, ambos bandos recurrieron a la construcción de submarinos
nucleares, dotados con misiles balísticos con cabezas atómicas y que podían permanecer sumergidos
de manera casi indefinida. Eran buques difíciles
de localizar y podían permanecer acechantes
frente a las costas norteamericanas, europeas o
asiáticas. El primer submarino nuclear fue el estadounidense *Nautilus*, botado en 1954. A principios
de los ochenta del siglo pasado se estima que los
norteamericanos contaban con unos 70 submarinos nucleares, más 7 británicos y 6 franceses,
contra unos 85 soviéticos.

Mientras se ponían en marcha sistemas de lanzamiento cada vez más complejos y eficaces la investigación acerca de nuevas armas no se detenía. Así, a finales de los setenta del siglo pasado, los norteamericanos desarrollaron la bomba de neutrones, que afectaba prioritariamente a los seres vivos e incidía poco en las estructuras e infraestructuras inanimadas. A su vez ambos bandos, vulnerando acuerdos internacionales, trabajaban intensamente en la guerra química y biológica a partir del desarrollo de gases, virus y bacterias.

Por lo que respecta a las fuerzas terrestres, centradas en Europa, la superioridad soviética fue patente en la década de 1980, ya que contaban con unos 48 000 tanques y 19 300 piezas de artillería, contra 11 560 tanques y 5 140 piezas artilleras en el haber de la OTAN. Los analistas consideraban que los soviéticos podían avanzar hacia la Europa occidental a través de Alemania, pero en una guerra total eso les iba a servir de poco ya que la superioridad tecnológica, aérea y naval norteamericana podría destruir los objetivos soviéticos con un ataque nuclear masivo. Sin embargo, la capacidad de respuesta soviética podía acarrear también la destrucción de los Estados Unidos.

Con tan temibles armas a disposición de ambos bandos, la OTAN y el Pacto de Varsovia no se enzarzaron en una guerra total que entrañara el riesgo de la autodestrucción. Sin embargo, la pugna sorda por dominar diferentes zonas del mundo, ganar países satélites y asegurar regímenes leales fue continua. En algunas ocasiones, la política de bloques se introdujo en procesos de descolonización o revolucionarios, especialmente a partir de la década de 1960.

GUERRAS CALIENTES

Mientras la Guerra Fría imponía una geoestrategia global en el planeta y definía los límites de los enfrentamientos, las guerras calientes, convencionales, de descolonización, revolucionarias, contrarrevolucionarias o «santas» proliferaron en distintos lugares del mundo. Junto a esta tipología, y en posición destacada, se dieron las generadas en la pugna por el control de materias primas de carácter estratégico.

Tras la II Guerra Mundial, Francia y el Reino Unido, que mantenían numerosas colonias, pasaron a ser potencias de segundo orden, manifestándose incapaces de sostener sus territorios de ultramar. A algunas colonias se les concedió la independencia, y otras la ganaron por la fuerza. Las guerras coloniales, a menudo mezcladas con procesos revolucionarios, fueron una constante, y en no pocas ocasiones el modelo político y militar del marxismo chino fue su principal estimulante. La singularidad del comunismo chino radicaba en que Mao Zedong planteaba al campesinado como el gran protagonista de la revolución, en substitución del proletariado, que en China era muy minoritario. Este modelo de comunismo agrario pudo exportarse con facilidad a los países sin desarrollo industrial.

Entre 1945 y 1975 se independizaron en África un total de cuarenta y cinco países, así como veintiséis más en Asia, y algunos de ellos padecieron conflictos, como en los casos de Malasia, Vietnam, Argelia, Congo, Mozambique, Angola, etc. A menudo, los Estados Unidos, el Reino Unido, Francia, China y la Unión Soviética intervinieron o dieron apoyo a uno u otro contendiente para ganar o mantener influencia política. Pero los

El SSN-571 Nautilus fue el primer submarino propulsado por energía nuclear. El auge de este tipo de sumergibles durante la década de 1960 venía dado por su capacidad de mantenerse sumergidos durante periodos muy prolongados de tiempo. Con el uso de energía nuclear, además, eran más silenciosos y, por tanto, más difíciles de detectar.

conflictos de la descolonización no fueron los únicos. En el centro y en el sur de América se dieron numerosas tentativas revolucionarias y guerrilleras que quedaron ahogadas con el apoyo de los Estados Unidos. Solo en Cuba triunfó la guerra revolucionaria.

Los dirigentes de los Estados Unidos, atemorizados por el peligro comunista no dudaron en apoyar regímenes dictatoriales en Centro y Sudamérica, pero también en Asia, sosteniendo al Sha de Persia, o incluso en Europa apoyando las dictaduras militares en España, Portugal y Grecia.

Durante la segunda mitad del siglo XX y en los comienzos del siglo XXI coexistieron dos tipos de guerra: las convencionales, inspiradas en las experiencias de la II Guerra Mundial; y las guerras totales revolucionarias.

Algunos analistas del mundo contemporáneo califican a las Guerras Napoleónicas como de «primera generación», a las inspiradas en la I Guerra Mundial como de «segunda generación», a las modelizadas por la *blitzkrieg* como de «tercera generación» y a las guerras totales como de «cuarta generación».

En esta perspectiva las guerras de «tercera generación» libradas entre ejércitos convencionales con intervención masiva de fuerzas blindadas y aviación, siguiendo las enseñanzas de la II Guerra Mundial, han sido una constante. Así árabes e israelíes mantuvieron violentos enfrentamientos puntuales, ejército contra ejército, entre 1947 y 1949; y en 1956, 1967 y 1973. La superioridad de mandos, información y determinación del ejército israelí y una decidida utilización de los medios blindados y aéreos provocaron la derrota árabe. Pero al margen de estas guerras convencionales el ejército israelita también mantuvo operaciones de

ocupación en el sur del Líbano y de contrainsur-
gencia frente a la rebelión Palestina.

Por su singularidad cabe destacar igualmente
la Guerra de las Malvinas que, en 1981, enfrentó a
Argentina contra el Reino Unido y que los británicos resolvieron a su favor con una audaz operación aereonaval.

De carácter convencional o semi-convencio-
nal fueron también algunas de las guerras africanas como las de Biafra, de 1967-1970, provocada
indirectamente por la pugna entre compañías
petroleras occidentales. Igualmente las que han
enfrentado de manera endémica a India y Pakistán
(1965, 1971) por razones culturales y geopolíticas;
o la guerra entre Irán e Irak (1980-1988) estimu-
lada por las potencias occidentales y por la disputa
del control de los recursos petroleros; o la misma
invasión de Kuwait por parte de Irak en 1990 y
que provocó la primera Guerra del Golfo...

Por otra parte, en la posguerra mundial también aparecieron, se desarrollaron y fueron ma-
yoritarias las denominadas guerras de «cuarta
generación». Se planteaban como guerra total im-
plicando en la lucha a amplios sectores de la
población y en una perspectiva revolucionaria. La
concepción militar clásica se distorsionaba a favor
de la insurgencia. En algunos casos esta guerra
total generó las denominadas «guerras asimétri-
cas», en las cuales una potencia con ejército convencional era combatida con todo tipo de recursos
no convencionales por parte de la colectividad
insurgente u oponente: terrorismo, guerrilla, ideo-
logía, propaganda, resistencia pasiva, sabotaje,
movilización de la población civil, etc. Los recursos usuales de violencia de un ejército convencional no necesariamente daban resultados frente a
este tipo de planteamientos. De ahí los intentos por

parte de los ejércitos convencionales para articular estrategias y tácticas contra-insurgencia y contra-guerrilla que en general dieron resultados dispares y a menudo solo generaron una represión indiscriminada que alimentó aún más la insurgencia. Además, en estos conflictos asimétricos la opinión pública de las potencias implicadas, normalmente recelosa o refractaria a las guerras marcó también los límites del conflicto. Cuando los ejércitos de las potencias sobrepasaban los límites convencionales de baja intensidad e intentaban responder con métodos de guerra total o convencional masiva, la opinión pública presionaba contra la guerra. En los países democráticos, principalmente las aventuras bélicas, y las carnicerías subsidiarias, siempre fueron contestadas o cuestionadas por amplios sectores de la población.

La terrible lógica de la guerra total de «cuarta generación» atrapó a los ejércitos convencionales británicos en Malasia; a los franceses y norteamericanos en Vietnam; a los franceses en Argelia; a los portugueses en Angola y Mozambique y a los soviéticos en Afganistán. La Segunda Guerra del Golfo también fue al respecto un proceso diáfano. La invasión de Irak del 2003 se inició con planteamientos de «tercera generación», los blindados y la aviación norteamericanos pulverizaron al ejército iraquí en pocos días. Sin embargo, la ocupación del país, contestada por amplios sectores de la opinión pública norteamericana y europea, generó una guerra de «cuarta generación» que desangró, desmoralizó y arrinconó al ejército norteamericano y sus aliados.

En la propia Europa también existieron movimientos que aspiraron a generar guerras de cuarta generación, pero no consiguieron pasar más allá de una fase de terrorismo incipiente. Tales fueron

El comandante Ernesto «Che» Guevara durante la
Revolución Cubana de 1957-1959. El «Che» fue, además de
soldado, un teórico de los combates guerrilleros,
aprovechando sus experiencias en Cuba para redactar
manuales sobre cómo debía iniciarse y gestionarse una
guerra revolucionaria.

los casos de movimientos nacionalistas como la EOKA en Chipre, el IRA en el Ulster y ETA en España.

También proliferaron en este periodo guerras con mezcla de rasgos convencionales y de insurgencia, como en el caso de algunas de las complejas guerras africanas de finales del siglo XX, con componentes nacionales, tribales, religiosos o étnicos: Somalia, Chad, República Democrática del Congo, Uganda, Sudán, Etiopía, Ruanda, Angola, Sahara Occidental... En alguno de estos conflictos, como en los de la República Democrática del Congo, parecía clara la relación con la explotación de nuevos minerales estratégicos como el coltán. Contrariamente en otros, como el Chad o Sudán, las raíces culturales asumían una mayor importancia.

Todos estos choques de la segunda mitad del siglo XX fueron violentos, pero no llegaron a provocar enfrentamientos nucleares entre las potencias. Sin embargo, consumieron un gran número de armas y estimularon el desarrollo de la industria bélica. Los fabricantes de determinados países, o las superpotencias directamente, realizaron pingües beneficios armando estados amigos, ejércitos insurreccionales y guerrillas revolucionarias.

ARMAS CONVENCIONALES

Las armas convencionales fueron las hegemónicas en los conflictos de tercera y cuarta generación, y es que al tiempo las armas individuales aumentaron en cuanto a letalidad. El Schmeisser MP 44, el fusil de asalto alemán, fue el origen de una nueva generación de armas automáticas que dominarían durante todo el resto del siglo XX. El fusil de asalto AK (Automát-Kalashnikov, el muy popular Kalashnikov, a secas) fue el arma más universal. De origen soviético, se fabricó también en China y en los países del Este europeo, los de la órbita soviética, y era un arma barata, robusta y segura que pesaba 5 kg y disparaba munición de 7,62 mm, con una cadencia de tiro de seiscientos disparos por minuto. Se fabricaron miles de ejemplares y fue el arma básica de las guerrillas, de los ejércitos insurreccionales, de los países del Tercer Mundo y por descontado de los del Pacto de Varsovia. Los soviéticos también suministraron otra terrible arma a la insurgencia: el lanzacohetes RPG-7, herencia del Panzerfaust alemán. Era un arma ligera y polivalente, capaz de dañar blindados y posiciones fortificadas. El AK y el RPG fueron el ariete de las guerrillas y de los ejércitos insurgentes. Los países europeos acabaron adaptando fusiles de asalto inspirados igualmente en el Schmeisser MP 44. Los estadounidenses modificaron el fusil Garand para pasar luego a utilizar el M-16, que usaba munición calibre 5,56 mm y tenía una cadencia de fuego de ochocientos cincuenta disparos por minuto. Los norteamericanos y en general los soldados de la OTAN siempre dispusieron de una gran potencia de fuego, garantizada por sus fusiles de asalto, ametralladoras de apoyo y lanzagranadas acoplados en los cañones de los fusiles. Esta infantería podía, además, complementar su letalidad con misiles antitanques ligeros como los Law-72, Armbrust o Milan, y los temibles misiles tierra-aire FIM-92 Stinger.

Por otra parte, la tecnología incidió en una continuada mejora en los equipos de los soldados y especialmente en las tropas de la OTAN. Nuevas fibras y materiales incidieron en prendas, botas y correajes más ligeros, resistentes, térmicos, trans-

FRANCESC XAVIER HERNÀNDEZ CARDONA & XAVIER RUBIO CAMPILLO

230

Tropas estadounidenses en Vietnam junto a un helicóptero
UH-1D Huey. La Guerra de Vietnam significó un cambio
importante en la manera según la cual se combatía durante el siglo
XX. En lugar de frentes continuos y tropas pesadas, las numerosas
zonas de selva, así como la tipología de guerra, basada en
la insurrección armada y la guerrilla, obligaron al ejército
norteamericano a luchar con armas ligeras, desplazándose
mediante helicópteros a las zonas amenazadas.

pirables, hidrófugos e ignífugos. Igualmente, la producción masiva de las fibras de kevlar (polipa-rafenileno tereftalamida) a partir de los años ochenta del siglo pasado permitió el diseño de cascos más ligeros y resistentes. El kevlar se aplicó a chalecos antibalas que, con pesos que oscilaban entre los 5 y los 15 kg, pudieron utilizarse masivamente para equipar a todo tipo de tropas sin hipotecar su movilidad. El uso de ópticas de infrarrojos para la visión nocturna y la aplicación de sistemas de intercomunicación convirtieron a la infantería en un arma cada vez más temible.

En algunas ocasiones, las fuerzas de infantería, sobre todo en los casos de los insurgentes revolucionarios, lucharon solas, pero en las guerras convencionales lucharon con el apoyo de artillería y blindados que también evolucionaron durante la posguerra.

Los soviéticos desarrollaron nuevas generaciones de poderosos blindados a partir del T-34, que derivó en sucesivos y cada vez más sofisticados modelos: T-55, T-62; T-64, T-72. Los europeos desarrollaron carros poderosamente artillados y con un alto nivel tecnológico, como el Centurión y el Chieftain británicos, el Leopard alemán, o el AMX 30 y el Leclerc franceses. Los estadounidenses también contaron con buenos carros como el M-47, el M-48 y el M-60, que lucharon en las guerras de los años sesenta y setenta del siglo xx, o los sofisticados y tecnológicos M-1 Abrams, que destrozaron los carros de origen soviético del dirigente iraquí Saddam Hussein en las guerras del Golfo de 1991 y 2003. La artillería no evolucionó de manera espectacular pero se desarrollaron misiles tácticos para usos antiaéreos, y antitanques. El avance más importante en este sentido fue la total mecanización de los elementos de apoyo terrestres, que podían acompañar el avance de las tropas al mismo ritmo, hecho inaudito en la artillería de los siglos anteriores.

Si los adelantos en cuanto a armas individuales y blindadas fueron limitados, los que tuvieron lugar en cuanto a la aviación fueron espectaculares, hasta el punto de que el dominio aéreo se convirtió en el principal factor determinante en las guerras convencionales. La aviación táctica, cazas y cazabombarderos se dotaron de aviones a reacción y todas las potencias dispusieron de buenos modelos. Los soviéticos comenzaron la carrera con el magnifico MIG-15, un caza que entró en servicio en 1947 y que los norteamericanos contrarrestaron ese mismo año con el F-86 Sabre, seguido por el Hawker Hunter británico en 1956. En las décadas de 1960 y 1970 hubo innovaciones importantes, como las generaciones de Mirage franceses, el English Electric Lightning, los nuevos MIG-21 y MIG-23 soviéticos, el F-104 Starfighter estadounidense, el Harrier británico de despegue vertical, o el SAAB Viggen sueco. A finales del siglo XX, aviones como el Panavia Tornado creado mediante la colaboración de Italia, Reino Unido y Alemania Occidental, o los norteamericanos Grumman F-14 Tomcat y Hornet F-18 garantizaban la hegemonía aérea para las potencias occidentales, aunque aviones soviéticos como los MIG-25 y MIG-29 suponían un buen desafío para ellos. Finalmente, ya a principios del siglo XXI surgirían nuevas generaciones de cazas como el ruso SU-27; el israelí LAVI o el chino J 10. En Occidente la entrada en servicio del avión europeo Eurofighter Typhoon y el estadounidense F-22 Raptor causaron controversia, ya que la construcción de costosos cazas no parecía necesaria después

Soldado sirio con uniforme preparado para la guerra
química. Empuña un fusil de asalto soviético
AK-47 Kalashnikov, famoso durante la segunda mitad del
siglo XX por haber sido usado en la mayoría de conflictos
bélicos.

del final de la Guerra Fría y la desaparición del
bloque soviético.

Una de las principales novedades en cuanto a
armas y tácticas de la posguerra mundial, a partir
de 1945, lo constituyó el uso de helicópteros, artefactos capaces de despegar en vertical y de
cumplir los más diversos papeles. Los helicópteros fueron vulnerables al fuego de pequeñas armas
enemigas en Vietnam y Afganistán, pero también
demostraron una gran versatilidad como transporte de tropas de asalto, ideales para golpear retaguardias, protagonizar golpes de mano y realizar
misiones variadas de salvamento o transporte. A
su vez, los helicópteros artillados pudieron suministrar fuego de apoyo a las fuerzas de tierra.
Durante la Guerra de Vietnam, los helicópteros se
usaron masivamente y vertebraron las nuevas
tácticas de las tropas aerotransportadas. A partir de
la década de 1980, helicópteros con grandes prestaciones de velocidad y maniobrabilidad como los

Apache fueron armados poderosamente con ametralladoras, cañones y misiles y se convirtieron en
armas letales contra blindados y tropas terrestres,
listos para suplir la inferioridad numérica estadounidense en Europa.

La guerra naval convencional se caracterizó,
desde la segunda mitad del siglo xx, por la optimi-
zación de los medios de localización electrónicos
y la modernización generalizada. Muchos buques
incorporaron helicópteros, y las nuevas generaciones de misiles relegaron la artillería a un papel
secundario. Los acorazados desaparecieron y las
flotas de combate se organizaron alrededor de
transportes de aeronaves (helicópteros y aviones
de despegue corto o vertical) o portaaviones,
complementados por destructores y fragatas.

La superioridad occidental manifiesta en
prácticamente todas las tipologías de armamento
se explica por el superior desarrollo tecno-científico y en especial en los campos de la electrónica
y la informática. La supremacía de la OTAN,
aunque no concluyente, se fundamentó en una
mejor capacidad de comunicación, localización y
navegación.

Las guerras de la segunda mitad del siglo xx
también generaron buenos comandantes y de muy
distintas tipologias. Vo Nguyen Giap fue el cerebro militar vietnamita que desarrolló una guerra
total contra los franceses en Indochina. Fió en la
insurgencia guerrillera, pero no dudó en usar fuerzas convencionales. Destrozó a los paracaidistas
franceses en la batalla de Dien Bien Phu en 1954.
Posteriormente fue el artífice de la resistencia
contra los norteamericanos en Vietnam y consiguió derrotarlos finalmente en 1973. Moshé
Dayan, ministro de Defensa de Israel en junio de
1967, se enfrentó con inusitada decisión a los ejér-

Un tanque estadounidense M1A1 Abrams durante la Primera
Guerra del Golfo (1991). Estos blindados son la punta de
lanza del ejército de tierra estadounidense. Complementados
por aviones y helicópteros, transportes de tropas y artillería,
demostraron su letalidad frente a las tropas iraquíes.

citos árabes. En seis días de campaña y practicando una «*blitzkrieg*» de manual fulminó a todos sus enemigos. Posteriormente, en la Guerra del Yom Kippur de 1973 consiguió recomponer las fuerzas israelíes y neutralizar los avances egipcios. El general estadounidense Norman Schwarzkopf fue el responsable del diseño y ejecución, en 1991, de la operación Tormenta del Desierto. Mediante una espectacular maniobra de flanqueo dislocó al ejército iraquí en solo cuatro días y con un número mínimo de bajas.

UNA NUEVA CONFLICTIVIDAD

En el marco de la Guerra Fría, la URSS se consolidó como superpotencia mundial. La industria soviética consiguió grandes éxitos entre las décadas de 1920 y 1950, y un país que era básicamente rural se industrializó, pero a partir de la década de 1960 su industria no se adaptó a los nuevos adelantos tecnológicos. Por su parte, las potencias occidentales impusieron un ritmo frenético de armamentismo desarrollando armas cada vez más poderosas. La URSS, obsesionada por su propia seguridad, aceptó el reto, manteniendo también una importante industria de armamentos. Pero los resultados fueron desastrosos ya que el esfuerzo militar devoró los recursos del país. A principios de la década de 1980, los Estados Unidos tenían un presupuesto militar del 6% de su producto nacional bruto (PNB); en tanto que los soviéticos se veían obligados a gastar el 12 % para mantenerse competitivos. A mediados de la década de 1980, los Estados Unidos iniciaron una nueva y definitiva ofensiva armamentista a partir de misiles de crucero y de la ya mencionada

«Guerra de las Galaxias», un sistema de defensa contra misiles a desarrollar en el espacio exterior. Los soviéticos ya no tuvieron capacidad tecno-científica para responder, y eso supuso una desmoralización general de la política militarista de los dirigentes del Kremlin. La sociedad industrial soviética se manifestó incapaz de competir con las sociedades post-industriales occidentales, cada vez más centradas en una economía del conocimiento que era perfectamente capaz, a diferencia de la soviética, de transferir y reaplicar saberes entre el entorno civil y el militar, y viceversa.

En este sentido, cabe considerar el derrumbe soviético como una indirecta derrota militar agravada por la rebelión de la sociedad civil y el fracaso de las intervenciones exteriores. Los soviéticos se vieron enzarzados en la invasión de Afganistán y, a pesar de utilizar lo más selecto de sus ejércitos, fueron derrotados en una guerra de «cuarta generación» por los combatientes afganos. A partir de 1985, comenzaron las reformas en la URSS y en 1989 cayó el muro de Berlín, el emblema de la Guerra Fría. El mundo soviético expiraba dejando una herencia compleja. La URSS se desmembró y los conflictos y las guerras abiertas proliferaron: en Armenia y Azerbaiján primero, y en Chechenia más tarde. Pero la crisis afectó a todo el conjunto de los países del Este, con episodios gravísimos como las guerras balcánicas de la década de 1990, que enfrentaron a serbios con croatas y bosnios en la a veces conocida como Guerra de la antigua Yugoslavia.

La hegemonía militar estadounidense pasaba a ser absoluta en cuanto a armamento estratégico. Sin embargo los riesgos de enfrentamiento nuclear no quedaron descartados, simplemente se atenuaron. La disolución de la URSS comportó el reparto

Uno de los primeros modelos del Lockheed F-22 Raptor
construido por los Estados Unidos, un caza capaz de
derribar a la mayoría de aviones en servicio a inicios del
siglo XXI gracias a su velocidad, agilidad y capacidad para
no ser detectado. Tan solo tenía equivalentes en el Typhoon
europeo y el Su-27 ruso.

de su armamento nuclear entre nuevas repúblicas. Ucrania, Kazajstán y Bielorrusia heredaron armas nucleares, pero renunciaron a ellas y la esencial heredera de la desaparecida URRS, Rusia. El arsenal nuclear y los submarinos nucleares, que necesitaban mantenimiento y actualización constantes, pasaban a tener un futuro incierto. El envejecimiento del armamento comportaba un riesgo evidente en el caso de las instalaciones nucleares. Además, el escaso control de los arsenales también podía abrir la posibilidad de tráfico de componentes a terceros. Rusia pasaba a contar con numerosos silos de misiles, ahora ya inútiles, peligrosos y caros de mantener, vigilar o desguazar.

Al mismo tiempo, el club nuclear, el grupo de países con capacidad para lanzar armas atómicas, aumentó con la India y Pakistán, y a ellos se sumaban las incógnitas de Israel y Corea del Norte. Mientras tanto, había otros países que pugnaban por desarrollar tecnología atómica como Irán, con la esperanza de liderar política y militarmente el mundo islámico.

A finales del siglo XX, la posibilidad de enfrentamientos nucleares a gran escala se percibía remota. Contrariamente, las guerras convencionales amenazaban en distintos lugares del planeta y las de cuarta generación se mantenían con vigor y mutaban a velocidad insospechada. A los conflictos más tradicionales de raíz política o por el control de materias primas se sumaban otros de carácter cultural y religioso, mientras que se intuían en el horizonte disputas por el control de los recursos hídricos y por la subsistencia básica.

En los entornos religiosos islámicos se desarrolló una especial y renovada conflictividad. Las razones de la escalada del fundamentalismo islámico son diversas y algunas de ellas obedecen a causas históricas. Así, la existencia del Estado de Israel y el consiguiente conflicto palestino generaron una conflictividad estructural, contra Israel, por parte de sus vecinos árabes y la mayoría de la población palestina, y viceversa. El fracaso de los intentos de negociación alentó posiciones extremas que buscaron legitimación en la vía religiosa. En esta dinámica el conflicto palestino se plantea cada vez más con unas variables religiosas que van a hacer más difícil, si cabe, una salida negociada. Por otra parte, el corolario futuro del problema palestino es la proyección de la agresividad contra los estados occidentales que apoyan a Israel.

El fundamentalismo islámico de obediencia chiíta que enraizó a partir del foco iraní también ha generado conflictividad en tiempos recientes. Una revolución islámica derrocó al régimen prooccidental del sha Reza Pahlevi en 1979 instaurando un estado teocrático que generó una cultura de enfrentamiento contra las potencias occidentales. Otro caldo de cultivo fundamentalista fue la Guerra Ruso-afgana que se desarrolló entre 1979 y 1989 y que se resolvió a favor de las facciones integristas islámicas armadas y sostenidas por los Estados Unidos para debilitar a la URSS. Cuando los soviéticos fueron expulsados, un implacable régimen teocrático, antioccidental por definición, se instaló en Afganistán: el régimen de los talibanes.

Las más diversas corrientes integristas radicalizaron posiciones en países como Argelia donde, desde 1992, provocaron una guerra civil con miles de muertos. El fundamentalismo, que presentaba a occidente como enemigo común, también ganaba posiciones en los más diversos países del mundo islámico: Sudán, Yemen, Indonesia y Pakistan, país este último dotado de armamento nuclear desde 1998, en precaución por el enfrentamiento, desde el nacimiento de ambos estados, con India. En Arabia Saudí se consolidó el islamismo wahabí vinculado a una concepción purista definida en el siglo XVIII por Abd Al Wahab, y del espacio saudí surgieron las posiciones más extremistas que generaron un nuevo tipo de guerra absolutamente total basada en el terrorismo extremo, indiscriminado y global. Las facciones más radicales se agruparon en la organización al Qaeda, liderada por el saudí Osama Bin Laden, y trabajaron para construir una red terrorista internacional. El golpe más determinante fue el ataque al World Trade Center de Nueva York, y aun a otros objetivos incluido el propio Pentágono en Washington, el 11 de septiembre del 2001, que marcó un nuevo cambio en la conflictividad mundial. También fue especialmente demoledor el atentado del 11 de marzo del 2004 en Madrid que se cobró 192 víctimas mortales y centenares de heridos.

El nuevo terrorismo islámico era cualitativamente diferente a los terrorismos hasta el momento conocidos. Partía de un móvil religioso y fiaba en una red internacional con una extraordinaria capilaridad. Al Qaeda se convertía en un símbolo en el cual se reconocían y al cual se adherían creyentes de distintos perfiles. El nuevo terrorismo de al Qaeda y similares se aposentaba, y se aposenta, de manera sistemática en el suicidio de los militantes entendido como sacrificio religioso y como manifestación de la Guerra Santa. La práctica del suicidio había tenido ciertamente algunos precedentes en la secta musulmana medieval de los *hashashin*, en el siglo XI, pero nunca se había formalizado posteriormente de manera voluntaria, explícita y sistemática.

Atentado contra el World
Trade Center,
11 de setiembre del 2001.

Los objetivos pasaban a ser absolutamente indiscriminados, civiles o militares. La nueva y poderosa arma que podía golpear en cualquier parte
del planeta no temía ni la represión, ni el fracaso,
ni la aniquilación. A diferencia de los movimientos revolucionarios, no se apoyaba necesariamente en sectores populares aunque aspiraba a
galvanizarlos a partir del ejemplo y el fervor religioso.

Contra esta nueva forma de guerra, los Estados Unidos reaccionaron con una respuesta convencional. A finales del 2001, las tropas norteamericanas invadieron Afganistán y derrocaron el
régimen fundamentalista de los talibanes que consideraban patrocinador del terrorismo. En el
2003, Washington se centró en viejos objetivos:
los regímenes militares nacionalistas de inspira-
ción laica de Irak y Siria. No tenían nada que ver
con al Qaeda pero se les consideraba inquietantes
a causa de su cercanía respecto a las zonas de

producción petrolera. El régimen iraquí de Sadam Hussein fue derrocado en el 2003 por una fulminante invasión norteamericana, pero el vacío de poder dejado por el régimen militar generó una situación de caos y una potenciación de radicalismos religiosos de todo tipo. En definitiva, se creó una nueva afrenta contra el mundo árabe e islámico y los Estados Unidos se vieron inmersos en una nueva guerra total de imposible solución militar y fuertemente contestada por la opinión pública de los países occidentales. Varios años más tarde, los ejércitos estadounidenses y los de sus aliados continuaban empantanados en una dura guerra de cuarta generación en Irak y Afganistán, agravada por las tácticas resistentes de los atentados suicidas. Paralelamente, la inestabilidad política crecía en países clave como Pakistán, poseedor de armamento atómico, como se ha dicho ya, y en estados como Turquía, teóricamente consolidado como laico. A su vez, Irán pugnaba por un nuevo liderazgo en base a la obtención de armamento atómico, lo cual generaba un horizonte conflictivo con las potencias occidentales y con el Estado de Israel. De manera paralela, el terrorismo suicida e indiscriminado continuaba golpeando en Marruecos, Túnez, Egipto, Indonesia, India, Israel...

La primera década del siglo XXI presentaba, en el conjunto del planeta, numerosos y nuevos escenarios de conflicto que podían ocasionar guerras nucleares, convencionales o de insurgencia. Entre las situaciones conflictivas más relevantes destacaba la inestabilidad en las antiguas republicas soviéticas; la dislocación política y económica de los estados africanos; el problema de Palestina; la emergencia de China como potencia económica y militar; la pugna por Cachemira entre Pakistán e

India; o el intento de Corea del Norte de producir armamento nuclear. Sin embargo, la conflictividad generada por el ascenso del fundamentalismo islámico en sus diversas variantes se adivinaba como uno de los principales problemas del futuro.

Bibliografía

ANDÚJAR CASTILLO, Francisco: *El sonido del dinero. Monarquía, ejército y venalidad en la España del siglo XVIII*. Marcial Pons, Madrid, 2004.

ARACIL, Rafael: *El Mundo Actual, de la Segunda Guerra Mundial a nuestros días*. Edicions Universitat de Barcelona, Barcelona, 1998.

ARCH, Getty, J.; NAUMOV, Oleg: *La lógica del terror*. Crítica, Barcelona, 2002.

ARDANT DU PICQ, Jean Jacques: *Battle Studies*. Kessinger Publishing, Estados Unidos, 2004.

BEEVOR, Anthony. *Stalingrado*: Crítica, Barcelona, 2004.

BEEVOR, Anthony: *Berlín. La caída, 1945*. Crítica, Barcelona, 2006.

BISHOP, Patrick: *Pilotos de Caza*. Inédita, Barcelona, 2006.

BUENO, José María: *Soldados de España. El uniforme militar español desde los Reyes Católicos hasta Juan Carlos I*. Almena Ediciones, Málaga, 1978.

CIPOLLA, Carlo: *Las máquinas del tiempo y de la guerra*. Crítica, Barcelona, 1999.

CALVÓ, Juan Luis: *Armamentos de munición en las fuerzas armadas españolas. Producción de antecarga 1700-1873*. Juan Luis Calvó editor. Barcelona, 2004.

CHANDLER, David G.: *The art of Warfare in the Age of Marlborough*. Sarpedon Publishers, Estados Unidos, 1990.
—*Las campañas de Napoleón*. La Esfera de los Libros, Madrid, 2005.

DANN, John C.: *The Revolution remembered. Eyewitness accounts of the war for Independence*. University of Chicago Press, Estados Unidos, 1980.

DUFFY, Christopher: *The military experience in the age of reason*. Wordsworth Editions, Reino Unido, 1998.
—*Siege warfare: The fortress in the Early Modern World 1494-1660*. Routledge, Estados Unidos, 1997.
—*Fire and Stone. The science of fortress warfare 1660-1860*. Book Sales, Estados Unidos, 2006.

EISENHOWER, Dwight D.: *Cruzada en Europa.* Inédita, Barcelona, 2007.

ESDAILE, Charles: *La Guerra de la Independencia. Una nueva historia.* Crítica, Barcelona, 2002.

FOARD, Glenn: *Naseby, the decisive campaign.* Pen & Sword Books, Reino Unido, 2007.

FULLER, J.F.C.: *Batallas decisivas del mundo occidental.* 5 volúmenes, RBA Editores, Barcelona, 2007.

GIL OSORIO, Fernando: *Organización de la artillería española en el siglo XVIII.* Servicio Histórico Militar, Madrid, 1981.

GOMEZ RUIZ, Manuel (coor): *El Ejército de los Borbones* (VII tomos). Servicio Histórico Militar, Madrid, 1989-2002.

HERNÀNDEZ, Francesc Xavier: *Història Militar de Catalunya.* (IV tomos). Rafael Dalmau Editors, Barcelona, 2003.

HUGHES, B.P.: *La puissance de Feu. L'efficacité des armes sur le champ de bataille de 1630 à 1850.* Edita SA., Lausanne, 1974.

JÖRGENSEN, Christer; PAVKOVIC, Michael F.; RICE, Rob S., et al.: *Fighting Techniques of the Early Modern World.* Thomas Dunne Books, Estados Unidos, 2005.

KAMEN, Henri: *La Guerra de Sucesión en España.* Grijalbo, Madrid, 1974.

KEEGAN, John. *The face of battle.* Penguin Books, Estados Unidos, 1983.
—*A history of warfare.* Random House, Estados Unidos, 1994.

KEMP, Anthony: *Weapons and Equipment of the Marlborough wars.* Blandford Press, Reino Unido, 1980.

MONTGOMERY, Bernard: *Historia del Arte de la Guerra.* Aguilar, Madrid, 1969.

PARET, Steven (editor): *Makers of Modern Strategy from Machiavelly to the Nuclear Age.* Princeton University Press, Estados Unidos, 1986.

PARKER, Geoffrey: *La revolución militar. Las innovaciones militares y el apogeo de occidente 1500-1800.* Crítica, Barcelona, 1990.

PECHARROMÁN, Julio: *La Guerra Fría: La OTAN frente al Pacto de Varsovia.* Editorial Siglo XXI, Madrid, 1998.

POPE, Dudley: *Guns.* Spring Books, Estados Unidos, 1965.

RUBIO, Xavier: *Almenar 1710. Una victòria anglesa a Catalunya.* Llibres de Matrícula, Calafell, 2008.

STRACHAN, Hew: *La primera guerra mundial.* Editorial Crítica, Barcelona, 2004.

STRADLING, Robert: *La armada de Flandes. Política naval española y guerra europea, 1568-1668.* Cátedra, Madrid, 1992.

CUENCA TORIBIO, J.M: *Historia de la segunda guerra mundial.* Espasa, Madrid, 1989.

WEIGLEY, Russell F.: *The Age of Battles. The quest for decisive warfare from Breitenfeld to Waterloo.* Indiana University Press, Estados Unidos, 2004.

WEINBER, G.L.: *Un mundo en armas. La Segunda Guerra Mundial: una visión de conjunto.* Volumen I. Grijalbo, Barcelona, 1995.

WOOD, James B.: *The King's Army. Warfare, soldiers, and society during the Wars of Religion in France, 1562-1576.* Cambridge University Press, Reino Unido, 1996.